赵雪峰 编著

不一样的智慧，一样的成功
—— 最可借鉴的51个草根教子法

科学出版社
北京

内 容 简 介

草根者,百姓也。教育孩子可以说是普通百姓的大事。在日常生活中,普通百姓们聚在一起谈论最多的一个内容就是孩子教育问题。普通百姓该怎样教育孩子?在教育孩子过程中有哪些经验?教育孩子该注意哪些问题?本书收集整理了51个普通百姓们教育孩子的经验和智慧。这些经验和智慧贴近我们的生活,没有高深的理论,但又蕴含着很多贴切的道理,简单而实用。

本书适合家长、儿童教育工作者、儿童教育专家阅读。

图书在版编目(CIP)数据

不一样的智慧,一样的成功——最可借鉴的51个草根教子法/赵雪峰编著.
—北京:科学出版社,2010
(现代家教丛书)
ISBN 978-7-03-029298-8

Ⅰ.不… Ⅱ.赵… Ⅲ.家庭教育 Ⅳ.G78

中国版本图书馆CIP数据核字(2010)第204448号

责任编辑:张丽娜 赵丽艳 / 责任制作:董立颖 魏 谨
责任印制:赵德静 / 封面设计:柏拉图创意机构
北京东方科龙图文有限公司 制作
http://www.okbook.com.cn

科学出版社 出版
北京东黄城根北街16号
邮政编码:100717
http://www.sciencep.com

北京天时彩色印刷有限公司 印刷
科学出版社发行 各地新华书店经销

*

2011年1月第 一 版 开本:B5(720×1000)
2011年1月第一次印刷 印张:12 1/2
印数:1—7 000 字数:158 000

定价:29.80元
(如有印装质量问题,我社负责调换)

前 言

　　教育孩子是一项"仁者见仁、智者见智"的伟大"工程"。每个孩子的天性都有所不同,每个孩子都有自己独特的一面,每个孩子的生活环境都存在差异。作为家庭教育主要实施者的父母在性格特点、文化修养等等方面也不尽相同,所以,家庭教育的方式、方法自然千差万别。普普通通的草根百姓们,无不希望把自己的孩子教育好、培养好,所以,如何教育孩子就成了一个永恒的话题。可以说,成功的教育各不相同,而不成功的教育却总有几分相似。

　　今天的一个孩子是一个甚至几个家庭的未来,背负着几代人的希望。每一个孩子都有一个梦想,每一个家庭都有一个希望。期待孩子能有一个好的前程,是普天下所有家长的共同心愿;让孩子走向成功,更是每个家长内心的期盼。没有一个家长想让自己的孩子走向社会的反面,落在别人之后。所以,不论是希望孩子成为一个普普通通的人还是希望孩子成为骨干、精英,家长们都在琢磨着如何教育好自己的孩子。

　　受社会大环境的影响,今天的许多家长对孩子的期望值都很高,谁都能理解"望子成龙""望女成凤"的心理，做草根家长的，应该明白这样的道理：并不是所有的孩子都能成为精英，都能成龙成凤，因为在社会的结构和分工中，绝大多数的人，都只能是一个普通人，都只能从事一般性的工作。正如我们绝大多数家长都是普通人，从事的也是平凡的工作一样。所以，做家长的在对孩子进行教育时，就要本着一颗平常心，把孩子当一个普通人来看待，用普通人的标准来教育和要求孩子，让孩子学会生活，学会劳动，学会体谅和尊重他人；让孩子在诚实、守信、自尊、自爱的环境氛围中感受成长的快乐。

如何成功地教育孩子，草根百姓们都有自己的智慧。孩子身上存在的问题各不相同，草根百姓们也各有各的教育方法。本书从许许多多草根百姓们的家庭教育方法中，精选了"懒妈妈教育法""暗示教育法""认同教育法""兴趣角教育法"等51个草根教育法。这些教育法就发生在我们草根百姓的身边，贴近我们草根百姓的家庭教育的实际。这些教育方法没有什么高深的理论，操作起来也不需要什么条件。每个教育法都是根据草根家长的教育实践总结出来的，我们通过"草根实践"和"草根智慧"两部分展现给读者，"草根实践"部分是家长教育孩子的实践故事，是对草根教育法的提炼；"草根智慧"部分是对每个草根教育法进行的具体分析，指出了这种教育法对教育孩子的影响，并告诉家长在使用这种教育法时应该注意的问题。"草根实践"来自生活，简单实用；"草根智慧"归纳总结，浅显易懂。这"51个草根教子法"为普通百姓教育孩子提供了最可靠的参考和借鉴，为普通百姓教育孩子提供了最可复制的案例，为每个家庭成功地教育孩子提供了实用的教育法。

愿我们的家长都能在家庭教育中发挥自己的智慧，更祝愿我们的每一个家长都把孩子教育成功。

编著者

目 录

第1章 大爱教育，给孩子智慧人生 ……………… 1

真正的爱不是溺爱，也不是宠爱，而是大爱。大爱是积极的爱，是无私的爱，也是高尚的爱。大爱能够伴随孩子一生的成长，当孩子遇到挫折、遭受磨难时，能够时刻想起父母亲切的鼓励之声；当孩子身处优越的顺境时，又能够记忆起父母的谆谆教诲。有了父母给予的大爱，孩子才能获利更多的人生智慧。

1. 后妈教育法——给孩子大爱 ……………………… 2
2. 懒妈妈教育法——给孩子自己成长的机会 ……… 4
3. 宽容教育法——给孩子一颗博爱的心 …………… 7
4. 狠心教育法——不溺爱，孩子才能健康成长 …… 10
5. 装傻教育法——调动孩子的聪明才智 …………… 14

 故事链接一

父亲的一堂人生励志课——国际电影巨星阿诺德·施瓦辛格的故事

第2章　自信教育，启动孩子奔向成功的马达 …… 21

教育家苏霍姆林斯基曾经说过："要让每个孩子都抬起头来走路。""抬起头来"意味着对自己、对未来、对所要做的事情充满信心。自信的人能以积极的心态迎接挑战，具备创造的活力。自信是成功的第一秘诀，自信是启动聪明才智的马达。

6．暗示教育法——给孩子积极的力量 ………………… 22
7．拇指教育法——赏识孩子，给孩子动力 …………… 24
8．肯定教育法——告诉孩子"你能行" ………………… 27
9．鼓励教育法——给孩子前进的力量 ………………… 30
10．行动教育法——让孩子用行动证明自己行 ……… 33
11．欣赏教育法——满足孩子内心最本质的需求 …… 36

故事链接二

没有比脚更长的路——日本化学家、诺贝尔化学奖得主福井谦一的故事

第3章　品质教育，让孩子站在更高的颁奖台上 … 41

罗曼·罗兰说："99％的努力和1％的灵感，对于成功是不够的，你还必须要有200％的道德品质作保证。"品质教育是培养孩子、造就孩子过程中非常重要的活动。一个人学业上的缺陷并不一定会影响他的一生，而道德、人格上的缺陷却可能害他一辈子。品德，是我们每个人人生大厦最坚实的基石。

12．苦乐教育法——历练孩子自强不息的精神 ……… 42
13．故事教育法——小故事小道理 ……………………… 45
14．习惯培养教育法——好习惯是练出来的 …………… 49
15．品质培养教育法——学习品质决定学习成绩 ……… 53
16．吃苦教育法——没有人能随随便便成功 …………… 56

故事链接三

苦难是最可贵的磨炼——"美国股神"沃伦·巴菲特的故事

第4章　目标教育，给孩子前进的方向 ……………… 61

车尔尼雪夫斯基说："没有目标，哪来的劲头？"人活着不能没有目标。目标既是前进的方向，又是行为的动力。家庭教育也是一样，给孩子一个目标，一个通过他的努力可以实现的目标，孩子就有了前进的方向和动力。

17．目标教育法——引导孩子向既定目标前进 ……… 62

18．小目标教育法——给孩子成就感 ·················· 65
19．动力教育法——调动孩子内心深处的欲望 ········ 68
20．责任教育法——让孩子承担起责任 ················ 71
21．五步教育法——学习要一步一个台阶地走 ········ 74

故事链接四

脑袋里只有一根筋——世界上最伟大的骑师埃迪·阿卡罗的故事

第5章 兴趣教育，调动孩子的积极性 ·············· 79

日本教育家木村久一说："天才，就是强烈的兴趣和顽强的入迷。"中国古代教育家孔子说："知之者不如好之者，好之者不如乐之者。"兴趣是取得成功的法宝，兴趣是攻破堡垒的武器，兴趣是学习的动力。有了兴趣，学习、做事才是主动的、积极的、热烈的。

22．细心教育法——细心发现孩子的长处 ·············· 80
23．扬长避短教育法——让长处更长短处更短 ········ 83
24．大自然教育法——让孩子享受大自然的乐趣 ······ 86
25．把兴趣点挖成井教育法——把孩子的兴趣做大 ··· 88
26．兴趣角教育法——把家变成学习的乐园 ············ 92

故事链接五

顺应天性好成才——英国著名科学家焦耳的故事

第6章 心态教育，点燃孩子幸福的灯塔 ············· 99

美国著名心理学家马斯洛说："心态若改变，态度跟着改变；态度改变，习惯跟着改变；习惯改变，性格跟着改变；性格改变，人生就跟着改变。"一位伟人说："要么你去驾驭生命，要么生命来驾驭你。你的心态决定谁是坐骑，谁是骑士。"作为孩子的父母，我们改变不了我们是孩子父母的事实，但我们可以通过改变自己来影响孩子；我们改变不了孩子周围的环境，但我们可以改变孩子的心态。教会孩子有好心态，让孩子获得更多的幸福。

27．心态教育法——让孩子有个健康的心态 ············ 100
28．支持教育法——给孩子最可靠的力量 ·············· 102
29．培养意志教育法——身心的健康更重要 ············ 105
30．耐心教育法——给孩子成长的时间 ················ 109
31．五心教育法——用心教育才能成功 ················ 111

故事链接六

身有残疾心没残疾——英国大诗人拜伦的故事

第7章 沟通教育，好沟通成就好孩子 …………… 117

一位哲人说："没有沟通，就没有教育。"教育是一项用人来影响人，以生命来影响生命的事业。如果父母与孩子话说不到一块，你说你的，我想我的，"牛头不对马嘴"，那么沟通就是无效的，教育也是无效的。有效的沟通，拉近心与心之间的距离。父母要想了解孩子，就应该加强与孩子心灵的沟通。

32．温柔教育法——运用温柔的力量 ……………………… 118
33．一分钟教育法——用情感去感染和教育孩子 …… 121
34．眼神沟通教育法——好沟通成就好孩子 ………… 123
35．巧解心结教育法——心结开则成长顺 …………… 126
36．知情教育法——心与心的沟通才是最好的沟通 … 130
37．四种镜子教育法——多角度看孩子 ……………… 133

故事链接七

像水一样流出大山——作家陈忠实的故事

第8章 需求教育，学习是孩子自己的事 ………… 139

一位哲人说："满足一个人的需求，是调动他积极做事的最有效的办法。"教育的最终目的是培养全面发展的人，促进社会和谐、自由地发展。适当地满足孩子的一些需求，特别是心理的需求，让孩子身心愉悦，变要孩子学习为孩子要学习，而不是强迫孩子学习。这样，孩子的学习才能取得更好的效果。

38．满足式教育法——适当地满足孩子的要求 ……… 140
39．积分教育法——抓住孩子内心的需求 …………… 143
40．把关教育法——让孩子自觉地学习 ……………… 145
41．淡化成绩教育法——成绩并不代表一切 ………… 148
42．主动学习教育法——变要孩子学习为孩子要学习 … 151

故事链接八

成功需要付出八倍的辛劳——美国前国务卿赖斯的故事

第9章　逆向教育，要勇于打破常规 ……………… 157

信息时代，孩子们接受了许许多多应该和不应该接受的东西，他们的思想发生了深刻的变化，有许多在过去很管用的正面教育对他们已经不管用了。相反，一些不按常理的教育方法却起到了很好的效果，逆向教育法就起到了正面教育起不到的作用。

43．累积教育法——只管耕耘，不问收获…………… 158
44．弱势教育法——培养强孩子………………………… 161
45．粗心教育法——让孩子细心起来…………………… 164
46．巧用唠叨教育法——唠叨也自有它的妙处……… 166
47．拜孩子为师教育法——激发孩子的学习兴趣…… 169

故事链接九

被母亲咒骂的将军——英国名将蒙哥马利将军的故事

第10章　榜样教育，要正人先正己 ……………… 175

著名的英国哲学家约翰·洛克主张，在教育孩子的时候，与其让孩子记住规则，还不如给孩子树立榜样。罗·阿谢姆说："一个榜样胜过书上二十条教诲。"对于孩子来说，家长的一个榜样要胜过几百句的说教。因为榜样总是具体的、形象的，更适合于孩子的认知特点，因而对他们来说也更容易被理解和接受。

48．亲子同学教育法——做家长更要做"同学" …… 176
49．共同成长教育法——互相学习互相进步………… 178
50．以身立教教育法——榜样的力量是无穷的……… 181
51．改造自我教育法——教育孩子从改造自己做起… 183

故事链接十

拥抱比耳光更有力量——巴西球王贝利的故事

第1章　大爱教育，给孩子智慧人生

真正的爱不是溺爱，也不是宠爱，而是大爱。大爱是积极的爱，是无私的爱，也是高尚的爱。大爱能够伴随孩子一生的成长，当孩子遇到挫折、遭受磨难时，能够时刻想起父母亲切的鼓励之声；当孩子身处优越的顺境时，又能够记忆起父母的谆谆教诲。有了父母给予的大爱，孩子才能获利更多的人生智慧。

1. 后妈教育法
——给孩子大爱

什么才是对孩子最大的爱？一些父母总会流露出这样的想法：我让他吃好、穿好，给他找最好的学校，饭来张口，衣来伸手，什么也不让他干。父母们以为，这就是爱孩子。实际上这只是父母给孩子的最原始的爱，甚至说其中一部分是溺爱。在今天的孩子，学习任务重、社会竞争激烈、生活压力大，父母应该把给孩子的原始的爱进行升华，给孩子智慧，让孩子努力去争取自己想获得的一切。让孩子获得独立生活的能力，给孩子一张无限期的"保险单"，这才是对孩子最大的爱！

【草根实践】

刘林考上美国一所世界综合排名在30名以内的学校读博士，并获得了奖学金。他需要坐火车去北京，然后转飞机去美国。出发前，妈妈见儿子又是行李又是电脑，东西比较多，而且很长时间将要见不到儿子的面，就打算送儿子去北京，但是刘林拒绝了，说自己能行，男子汉有的是力气。如果妈妈真把自己送到北京，离别时，还要"伪装"成难舍难分的样子来安慰妈妈，并且他还会担心妈妈回程的安全。妈妈明白其实是儿子不愿意让父母看出他的情感，他一直希望给父母留一个坚强的背影。妈妈无语，这是妈妈"后妈教育法"的必然结果，但妈妈欣慰，儿子长大了，独立了，能替妈妈着想了。

刘林小时候，比较聪明，但却总是粗心大意。因怕他"聪明反被聪明误"，爸爸妈妈对他一直采取"打压"政策。妈妈更是很少给他好脸。和他要好的同学曾对他说："你妈妈好像是后妈！"有一次全区的数学竞赛，刘林考了90分，拿了一等奖，按理说，这应该是值得庆祝的事情。但是妈妈拿着卷子将失分处分析了一番，发现丢的6分是由于粗心造成的，本来有两道选择题在正文处选对了，但是填答案时却填错了，扣了6分。结果是妈妈非但没有表扬他，反而由于他的粗心狠狠地批评了他一通。爸爸也一样，几乎没有表扬过他的优点，一发现问题肯定是不会放过的，什么时候说到他不耐烦了才罢休，气急了还伸手打他两下。刘林的老师曾感慨：没见过这么"抗压"的孩子。

  刘林家里的经济条件还是比较好的，与他同龄的一些孩子都背着名牌书包，穿着名牌服装，而刘林身上一件也没有。爸爸妈妈的小轿车，从来没有接送过刘林上下学，即使生病了，刘林也要坚持自己走。爸爸妈妈对他虽然有些"狠心"，但目的是培养他一种不攀比和坚强的心态，希望他在以后离开父母的日子里，面对任何苦难都能够坦然面对，接受挑战，靠自己的努力去获取成功和快乐。刘林就是在这样有些苛刻的磨炼中慢慢地长大，并考上了一所重点大学。在大学期间，他每天利用一切可能利用的空余时间，给自己充电。他参加学校的科研课题，每天几乎只睡4个小时，还每天晚上出去找"老外"练英语口语。而且因为他的善良、礼貌和乐于学习，得到了许多老师、同学、朋友的帮助。通过自身的努力，刘林实现了自己的愿望。

  刘林的未来肯定还会面临许多艰辛和困难，但爸爸妈妈很放心，因为刘林拥有了战胜困难的决心、勇气和智慧。也许刘林曾经抱怨过爸爸妈妈对他过于严格，但刘林最终理解了自己这来自"后妈"的爱。

【草根智慧】

  一个人一生中最早受到的教育来自家庭，来自爸爸妈妈对孩子的早期教育。

  在一些父母眼中，孩子就是孩子，永远长不大，任何时候都需保护、疼爱。特别是如今的形势下，父母更是对独生子女疼爱有加，舍不得孩子走路，担心日晒雨淋，所以上学车接车送；舍不得孩子吃苦受累，担心孩子受不了，所以什么事都自己干。凡事都要设法为孩子筹划好，甚至应该孩子做的事情也亲手为孩子代做。幼儿园的亲子活动课上，我们经常可以看到这样的场景，一些父母抢着替孩子答问题；争着代孩子动手做手工制作；孩子做一些事情时，一些父母不是在旁边唠叨孩子笨，就是说孩子动作慢；要么就叮嘱孩子这个危险，那个不能碰。其实，父母过分干预与太多的指责，反而让孩子畏手畏脚，遇事不敢自己做主。反正有人给他帮忙，有人替他做，所以孩子既不想动脑思考，也没有动手的欲望，结果是孩子越来越不会做。直到上小学、上中学、上大学，还是什么事情都由父母来代劳。

无数的事实证明，过度地溺爱孩子，孩子的一切都由父母来照料，不但会使孩子失去实践锻炼的机会，而且也不利于孩子独立生活能力的培养，孩子会养成处处依赖父母、不愿意自己动手的习惯。因为缺乏独立动手能力和解决问题能力，成年后在激烈的社会竞争中难以立足。

在我们传统的认识中，后妈是不爱孩子的妈妈，是对孩子比较严厉的妈妈。实际上在我们教育孩子的过程中，"后妈教育法"强调的就是要对孩子严格一些、严厉一些，甚至对孩子狠一些。我们虽然不提倡"棍棒底下出孝子"，但是我们提倡对孩子实行严格的教育。严师出高徒，这是永远颠覆不破的道理。

什么才是对孩子最大的爱？让孩子首先要学会做一个合格的人，这才是对孩子的真正的爱。所以，不妨拿出点"后妈"的手段来，给孩子自己锻炼成长的机会，给孩子自己拼搏的机会，让孩子经历一些风雨，孩子才能长成参天大树。

2. 懒妈妈教育法
——给孩子自己成长的机会

当妈妈的如果勤劳能干、事无巨细，什么事都给孩子包了，根本就不用孩子操心，那么这个孩子将来很有可能成为一个懒惰的人。所以，真正爱孩子的妈妈总是让孩子承担一些力所能及的家务，做一些力所能及的事情。妈妈适当地懒一些，自己少做一些，表面上这些妈妈好像不爱自己的孩子，实际上这样做才爱得更含蓄、更明智、更深沉、更伟大。

【草根实践】

晨晨妈妈在与朋友聊天时，抱怨自己的女儿都读小学二年级了，还不会自己穿衣服，很让她头疼。每天早上叫醒晨晨后，不管自己多忙，妈妈都要给晨晨穿好衣服，照顾她起床。不给她穿衣服，她就在床上等着。妈妈总是说，自己像晨晨这么大时，别说自己穿衣服了，就连洗衣、做饭都会了。朋友批评她"手太勤快"，建议她不妨用一用"懒妈妈教育法"。晨晨妈妈细想想也是，她开始痛定思痛，寻求改变。

于是，晨晨妈妈给自己和晨晨定下了"懒妈妈课"，内容是放手让晨晨自己学习穿衣、穿鞋。妈妈选了晨晨不上课的周日早上做第一次培训。

"晨晨，从今天开始你自己学着穿衣、起床，妈妈不能再给你穿衣了。"

"妈妈，我不会穿衣服，也不会系鞋带。"

"那你今天就学穿一次。"

"我不想学，这么多衣服，又是衬衣又是外套，而且裤子也要穿好几条。"

"晨晨，你已经八岁了，应该自己的事情自己做了，今天没什么事，你慢慢学吧。"

见妈妈真不想给自己穿衣服，晨晨开始撒娇地哭起来："妈妈，你帮我穿好吧，我不想浪费时间，我还要练琴呢！"晨晨想抓住妈妈怕耽误自己学习的心理，但妈妈这次却是铁了心了，她也没有因为晨晨的哭闹而生气、发脾气或屈服。

"晨晨，没关系，今天时间很宽裕，而且现在对你来说，学会自己的事情自己做比练琴还重要。宁肯不练琴，也要学会穿衣服。还是先穿裤子好吧，按妈妈平时给你穿的顺序来穿。"

妈妈狠下心来不再理会晨晨的哭闹，只是站在旁边进行指导，让晨晨自己穿。晨晨见自己的所有手段都不见效，慢慢地情绪稳定下来，开始一件一件在往身上穿……一直花了将近40分钟才勉强穿好。妈妈鼓励着晨晨，自己的内心也很激动。八年了，孩子终于可以自己穿衣服了，虽然用的时间比较长，但妈妈觉得这时间花得值，一点儿没觉得浪费！

这样坚持到第四天，晨晨终于不干了，她使出各种招数向"懒妈妈"挑战。软磨硬泡地要妈妈帮她，但妈妈继续坚持不肯，而且还不给她指导了，离开晨晨的房间去干别的了。因为她意识到，再好的教育法如果不能坚持下去，一切都将归于零。这天，因为没有妈妈的指导，晨晨虽然自己穿上了衣服，但是上学却晚了，妈妈和老师做了沟通，老师很支持和配合妈妈，对晨晨进行了适当的批评。这回晨晨有些害怕了，第五天早上，晨晨不再闹了，一切都顺利了。慢慢地，妈妈成功了，虽然晨晨穿衣服时，扣子有时候扣错位，系鞋带时，有时候系成了死结，但那也是她自己的成绩。妈妈想谁也不可能一开始就能利利索索的，总有这个过程，不练习永远也穿不好。后来，妈妈又教晨晨自己收拾房间，又教她帮自己收拾厨房，干家务。半年后，晨晨不但自己的事情能够自己做了，还学会了帮妈妈做许多事。

【草根智慧】

想做个懒妈妈既容易又不容易，容易的是，只要管住手和嘴就行，管住手，少为孩子做；管住嘴，少和孩子说。不容易的是，懒妈妈身懒但心不能懒，要思考如何有智慧地运用方法，让妈妈的懒不是成为孩子的坏榜样，而是给孩子自我成长的机会。在许多情况下，"懒"妈妈比"勤"妈妈更加费心劳神。因为让孩子自己做事，不但不能省力，反而更加麻烦，因为孩子往往会"帮倒忙"。

我们做父母的要知道，不是我们对孩子付出越多，孩子就回报越多，有时候我们懒一点，孩子反而会成长得更好、更快。要善于创造和把握机会，创造让孩子独立做事的环境，引导孩子从身边的小事做起，由易到难，循序渐进。如帮妈妈干一些家务，收拾自己的房间，假期参加一些社会活动等。做父母的要有信心和耐心，不要担心孩子做不好，或怕孩子添麻烦帮倒忙。要对孩子做的事情多表扬、多鼓励，少埋怨、少指责，循循善诱，促其进步，调动孩子动手做的积极性。使得孩子从小就养成勤快劳动、勤快学习的习惯。

做一个聪明的"懒"妈妈，其实是对孩子的爱护，是培养孩子生活能力的好方法！孩子总要自己慢慢成长，该受的苦该遇的坎都得自己去经历，做父母的是代替不了的。孩子的未来要靠自己去开创，独立的生活能力是一个人生存和发展的基本前提。而这种能力不是天生的，是从小培养和锻炼出来的。我们如果将孩子的一切都包办，等于剥夺了孩子认识世界、锻炼自我的机会。"授人以鱼，不如授人以渔"，"懒"妈妈最好的做法是教会孩子做事的方法和注意的问题。孩子得到了锻炼的机会，得到了解决问题的方法，在将来的成长过程中，就有勇气对待各种问题，这是对孩子的成长负责。

懒妈妈不是一味地溺爱自己的孩子，不是一味地迁就孩子，而是从长远着想，锻炼孩子的动手能力，培养孩子的劳动意识，磨炼孩子的意志，增强孩子的综合素质，从而促使孩子健康地成长。

3. 宽容教育法
——给孩子一颗博爱的心

孩子的成长总会是磕磕绊绊的，不可能一帆风顺，在成长过程中犯一些错误也是在所难免的，如果我们过分严厉地要求孩子必须做到事事完美，会使孩子在错误面前成为惊弓之鸟。由于害怕父母的责怪，孩子就会采取躲避的办法，结果是父母把孩子逼到一条错误的道路上。所以，我们要宽容孩子可宽容的错误，原谅孩子可原谅的问题，给孩子一个机会，帮助他们从错误中获得经验和教训。

【草根实践】

如今已经30多岁的利晨永远也忘不了自己小时候妈妈给予的宽容教育。

利晨小时候是个性格温顺、学习优异的孩子。小学四年级时，老师选他做学习委员，目的就是让他无论在学习上，还是日常生活中，都成为全班同学的模范。

有一天自习课，利晨和同桌为了一点小事争执起来，结果愈演愈烈，最后当堂打了一架。

"身为学习委员，竟然还在班里带头打架。"老师狠狠地批评了他，"你的行为影响非常不好，要你妈妈明天来学校一趟。"老师的话，突然之间成了一张巨大的网，在利晨眼前张开。因为在利晨小时候那个年代，人们普遍还都不喜欢淘气的孩子。老师总是要学生遵守纪律，服从集体，尊重老师，更不能打架。

可是老师们永远不会想到，找来父母对孩子进行严责，对孩子心理上的伤害有多么大。它会在孩子的心里留下阴影，在孩子和老师之间造成敌意，也在孩子和父母之间造成不信任。因为父母在这种情形中通常会认为自己的孩子不诚实，至少在隐瞒缺点，令自己在老师面前丢脸。孩子则会痛恨老师，也会抱怨父母听信老师一面之词。利晨回到家，忐忑不安地把事情告诉妈妈。妈妈满脸惊讶地听完孩子的讲述，看到吓得有点哆嗦的孩子，妈妈并没有责备他，只是说明天去一趟学校，要孩子先把作业完成。

第二天一整天，利晨都在恐惧和焦虑中度过，他怕老师夸大他的错误，怕同学不再信任他这个"干部"，但他最害怕的是妈妈的责骂。他不能控制自己，上课也总是分神，下课也不说不笑，回到家里饭也不想吃，就等着妈妈的责罚。

可到了晚上，他担心的事情没有发生，一切都是那么出乎意料，就在那一瞬间，他的心情转阴为晴。

那个晚上，妈妈把他拉过来，看着儿子惊恐的眼睛，非常温和地对他说："妈妈已经和老师谈过了，并且知道了事情的经过。"妈妈甚至没有一句责备。"妈妈相信你，你过去是一个好孩子，以后还会是一个好孩子。"就在这一瞬间，利晨在妈妈的眼睛里面看到了他所期待的东西。

这件事过后，利晨更加努力学习，团结同学，从不给父母惹麻烦。17年后他取得了北京大学的博士学位。

利晨现在在一家大公司做高级主管。至今他还对那个瞬间念念不忘："这件事，妈妈对我的影响很大。那个晚上，妈妈给了我最好的礼物，那就是宽容和信任。它让我一辈子都受用不尽。"

【草根智慧】

不给孩子苛刻的爱，不让孩子背上沉重的包袱，父母要学会宽容孩子的错误。

冬天的傍晚，一位妈妈在前面气呼呼地走，一个八九岁的小男孩哭喊着在后边追："妈妈让我回家，妈妈让我回家吧！"妈妈头也不回地问孩子："知道错了吗？""妈妈我知道了。"妈妈又问："知道什么了？""我不再玩游戏了。"孩子赶紧回答。"知道错了也别跟我回家。"到了家门口，妈妈真的自己进了屋，把孩子锁在门外。天很冷，时间已很晚了，孩子一直在门外哭，直到有邻居劝说，妈妈才放孩子进屋。

管教孩子是对的，对孩子严格要求，这本身并没有错。孩子犯了错误，对他适度的责罚也是对的，但应该有个度。有一些父母，在孩子犯了错误时，抓住孩子的错不放，轻则训斥，重则打骂，甚至把孩子赶出家门,这种教育孩子的方法是不值得提倡的。许多时候,孩子犯了错,可他们还没意识到,这时做父母的首先要用孩子能够接受的方法同孩子讲清道理,指出孩子犯了什么错误,使其认识到错在哪里。其次,在孩子知道自己错了时,父母也要宽容、理解、原谅孩子。

宽容是一种美德、一种气度、一种涵养,体现了父母的修养和内在品质。心胸宽广的父母会给孩子树立一种遇事容人的榜样。很多孩子知道犯了错误后,都希望父母能宽容他们。这时,给孩子一个认错的机会,宽容他们,比打骂批评更重要。相反,如果父母还不依不饶,过于严厉,超过孩子的接受能力,很容易使孩子产生逆反心理,再犯错误时,孩子会不愿意承认,甚至说谎欺骗父母,跟父母对着干。时间长了,孩子就养成了欺骗、说谎的习惯,更有甚者,一些孩子用离家出走、寻短见的办法来对抗父母。

当然,我们所说的宽容,不是无原则地宽容、迁就孩子的错误,不是对孩子放任自流、撒手不管。父母应该允许孩子犯错误,更允许孩子改正错误,在是非面前,必须让孩子明白什么是"是"什么是"非",这样才能更好地指导孩子走好人生之路。

更重要的一点是,宽容是有前提的,必须是孩子对自己的错误已经认识,并深感内疚、悔恨时,方可运用宽容手段。父母准备原谅孩子的过失时,应该从表情上、语气上,使孩子感到父母对自己所犯的错误很痛心,并相信自己能够悔改。宽容孩子时父母也不可取无所谓的态度,使孩子如释重负,没有压力,缺乏改正的决心。

4. 狠心教育法
——不溺爱,孩子才能健康成长

今天,家长对孩子的爱不可谓不深,关怀不可谓不细致。可是过度的关爱和保护，却养成了孩子眼高手低、轻视劳动、懒散任性的毛病。孩子怕苦怕累，缺乏独立的生活能力，遇到一点挫折、一点困难，就茫然不知所措。所以，适当对孩子"狠心"一点，让孩子得到锻炼，对孩子的成长是有益的。

【草根实践】

因为妈妈工作忙，放放出生后刚过百天就被送到爷爷奶奶那里。爷爷奶奶将这个孙女当成小公主似地伺候着，放放4岁时回到妈妈身边，妈妈发现放放被娇惯得自私、霸道不说，连吃饭都不会。别人端着碗喂她，她还要一边吃一边玩，有时候还需要爷爷模仿动物叫，她开心了才吃上一口。一顿饭下来，要一两个小时，中途还需将饭菜加热一两次。

妈妈觉得这样不行，但碍于爷爷奶奶在跟前，妈妈没说什么。一个月后，放放完全适应了家里新的环境，在爷爷奶奶依依不舍地走了之后，妈妈就对女儿郑重宣布：以后饭自己吃，再没有人喂了。没人伺候的放放一万个不乐意，一到吃饭时就说不饿不吃。妈妈的对策是不吃就不吃，不吃就让她在旁边看着。放放见这个办法不行，就故意将饭弄撒了一桌子，见爸爸妈妈没反应，然后胡乱地用小勺吃几口饭后就憋着嘴，眼里含着泪说："不吃了！"边捂着脸哭，边从指缝里打量爸爸妈妈。见爸爸妈妈不为所动，闹饿了后，只好乖乖地吃完了碗里的饭。几次较量下来，放放明白了哭闹都不管事，很快，她就学会了自己吃饭。

放放在奶奶家吃独食吃惯了。开始，家里只要有好东西她就把小胳膊一圈："你们不准动，这都是我的。"针对她这种毛病，妈妈把家里任何好吃的都平均分成3份，并严肃地告诫她：爸爸妈妈也喜欢吃好东西，好吃的都要一人一份，不能自己独吃。开始时，放放不干，又是哭又是闹。但妈妈不管她如何闹，就是狠下心来，给她三分之一。久而久之，放放养成了习惯，即使别人送她的东西，爸爸妈妈不在跟前，她也总记得给爸爸妈妈留一点，因为"好东西要大家一起吃"。

放放上了幼儿园，前三天妈妈每天接送，告诉她路上的注意事项。因为幼儿园就在小区院里，第四天，妈妈就让她自己去，前几回，妈妈也不放心，放放在前面走，妈妈在后面偷偷地跟踪保护，几回下来，就让她自己走了。有一天，天冷又下着小雨，放放磨磨蹭蹭地哭着求妈妈送她。妈妈心里也舍不得，但还是坚持不送她，给她一把雨伞，让她自己走。

放放上大班时，妈妈开始训练她洗自己的手帕、毛巾。夏天还好，边洗边玩。转眼到了冬天，冷水刺骨，她就不干了，把手帕偷偷地塞进了妈妈的洗衣盆。妈妈发现后，毫不犹豫地拿出来，告诉她自己的事只能自己做。有亲属来家中做客，看着放放噙着眼泪站在小凳上洗手绢，说放放妈妈是个"狠心妈妈"。

其实，看着女儿的可怜样，爸爸妈妈也心疼，但思之再三，还是狠狠心忍住了，因为爸爸妈妈觉得越是这样就越不能迁就她，为的是要让女儿从小受点苦，理解这样一个朴素的道理："靠天靠地靠父母都不是好汉，将来自己的人生路上一切都要靠自己。"

许多人都说放放爸爸妈妈"心狠"，其实正是他们的"狠心教育法"，才改掉了放放身上的许多坏习惯，使放放变成了一个人见人爱、懂礼貌、有爱心、心态健康的好孩子。上小学后，因为放放能力很强，一直做班长，年年是三好学生，小学毕业那年，被一个重点中学选去。现在放放正信心百倍地向自己理想的大学冲刺。

【草根智慧】

华人首富李嘉诚有两个儿子，李嘉诚对他们的要求是克勤克俭，不求奢华，所以兄弟俩从小就养成了独立的性格。小儿子李泽楷在美国读大学期间，每天放学后都要跑到附近的餐馆打工。为了节省开支，他自己还学会了做饭。

一次，李嘉诚去探望在国外读大学的儿子。那日，正赶上天降大雨，李嘉诚坐在车里，透过车窗的雨幕，远远地看见一个年轻人背着大背囊，骑着自行车，在车流之间穿梭。李嘉诚心想："这多危险啊。"等到年轻人来到他的车子跟前时，他才看清楚，原来这个年轻人正是儿子李泽楷。最初，两兄弟在国外读书，李嘉诚连汽车都没给他们买，只为他们俩买了两辆用于代步的自行车。

李嘉诚对儿子的"无情"，换来的是他们事业上的成功。大儿子李泽钜叱咤香港地产界，而小儿子李泽楷初涉商海即成为亚洲新经济的风云人物，被誉为商界的"小巨人"，大有超越其父李嘉诚之势。

想让自己的孩子将来有出息，那就不妨学学李嘉诚，教育过程中该"狠心"时就狠心。

有的父母为了表达对孩子的爱，只是一味地以丰厚的物质来满足孩子的各种需要，而不管自家的条件如何。有的家长还是那种传统意识，认为自己的付出是天经地义的，只知道多多地给予孩子，却从不让孩子感知自己付出的爱，感知自己生活的艰辛，感知自己挣钱的不易。无条件地满足孩子，造成了孩子"说一不二"的毛病，成了家中的小皇帝。这种情形往往会助长孩子的骄横之气，使其目中无人、唯我独尊，稍不如意，就会乱发脾气，更谈不上关心、体贴他人了。父母从不要求孩子回报，更使孩子形成了只知索取不知感恩的心态。

所以，父母们不妨对孩子"狠心"一些，别舍不得我们的孩子，孩子能够做的事情，就要让孩子自己做。孩子受一点累，是累不坏的。任何时候不要给孩子以特殊的地位，让孩子懂得，人与人之间是平等，即使是孩子和父母之间也是平等的，父母不是孩子的奴隶。要让孩子知道，父母为他做的事情，也不是应该应分的。让孩子知道父母的养育是一种恩情，教育孩子要对父母心存感激，学会感恩。这样的孩子长大后才是一个品质高尚，心理健康的人。

我们要知道，让孩子"顺风顺水"地成长并非是好事。因为孩子的人生道路是漫长的，成长过程的顺利并不代表整个人生的顺利和成功。要为孩子今后的人生道路打下坚实的基础，今天就需要让孩子经受一些风吹雨打。对孩子成长时期的"狠心"恰恰是为了让孩子今后能更好地保护自己。

当然，父母在应用"狠心教育法"时要掌握好"狠心"的度。"狠心"并非意味着"棍棒底下出孝子"，"狠心"也并非意味着对孩子的一切不闻不问。要做到该关心时关心，该"狠心"时狠心。

5. 装傻教育法
——调动孩子的聪明才智

一些父母喜欢在孩子面前显示自己的博学与威严，喜欢居高临下地对待孩子，喜欢以先知的姿态出现在孩子的生活中。诚然，这可以让孩子对自己多一些崇拜，使孩子在接受父母传授知识与经验时更加言听计从。但是，经常这样，孩子的自信可能丧失，孩子的探究精神可能泯灭，孩子锻炼自己能力的机会会少很多，孩子主动学习与实践的劲头可能会越来越弱。其实，教育孩子时装傻一点，会给孩子增加更多的信心。

【草根实践】

轩轩开始上小学一年级了，每天上学和放学，都和邻居家的明明、奇奇两个小朋友形影不离。开始的时候，爸爸看到他们这么要好，打心眼儿里为儿子感到高兴，还经常要儿子邀请他们到家里来玩。可是时间一长，爸爸发现明明身上有很多缺点，比如说：爱撒谎讨大人欢心、做作业时抄袭别人的，最不能容忍的是，明明还经常顺手牵羊地拿走别人的东西，在别人家玩就像是自己家里似地，不管什么东西，只要能吃的，就随便拿起往自己嘴里塞，等等。还有，明明的爸爸妈妈都爱打麻将,有点空余时间就待在麻将桌上,很少教育明明,所以明明总是为所欲为。爸爸不想让轩轩经常和明明一起玩,怕时间长了,儿子会受到影响,但怎样才能让轩轩明白"近朱者赤,近墨者黑"的大道理呢?想来想去,爸爸想出了一个"傻"的办法。

一天,爸爸拿着一支粉笔和轩轩说要做个实验。轩轩听爸爸说要做实验,马上来了兴趣,爸爸让轩轩拿来一瓶红墨水,一瓶黑墨水,然后问轩轩:"如果我把粉笔一端浸在红墨水里后会是什么颜色?"轩轩说:"红色。""如果我把粉笔另一端浸在黑墨水里后会是什么颜色?""当然是黑色嘛!"轩轩笑话爸爸:"你好像变'傻'了,连这种'低级答案'都不知道?""我没学过嘛!"轩轩听后开始笑爸爸。爸爸继续实施"装傻"教育计划。爸爸让轩轩拿着粉笔,指着桌上的两瓶墨水告诉轩轩:"假如这支粉笔是你,红墨水是奇奇,黑墨水是明明,你和奇奇待在一起,你是不是要染上红色;你和明明待在一起,你是不是会染上黑色?"轩轩不解地说:"对呀!"接着,爸爸给轩轩讲起"孟母择邻而居"的故事,儿子听着听着就说:"哦!你其实想让我明白跟哪种人在一起,自己就会变成哪种人的道理,对不对?""真聪明!"爸爸忙夸奖儿子。接着轩轩也说:"我和奇奇早就不想找明明玩了。他总是借了我们东西不还,还爱偷东西。上次放学后一起去奇奇家玩时,他偷偷地将奇奇的小飞机模型放到自己的书包里拿走了,第二天到他家玩时,我们才发现小飞机被他拿回了家,以后,我跟奇奇就不和他在一起玩了。"

从这以后,爸爸很少看到轩轩与明明在一起玩了。后来,轩轩又交了很多新的小朋友,回到家,他还经常夸他的朋友这个怎么好,那个怎么棒。如强强学习很棒,次次考第一;君君很爱劳动,也很喜欢帮助别人;童童拾金不昧,今天捡了50元钱,交给了老师,等等。爸爸听了,心里美滋滋的,那次"装傻"教育起了作用。

【草根智慧】

装傻教育法，涉及儿童教育的方方面面。

父母适当地装做不能，给孩子机会，调动孩子的聪明才智，让孩子自己解决自己的问题，让孩子得到了更多的锻炼。一些父母打着"一切为了孩子"的幌子，表面是为了孩子做一切，无形中却剥夺了孩子的动手机会，扼杀了他们创造的火花，抑制了他们创新的思维，制造了一朵朵不堪风雨的"温室之花"。

许多时候，父母应适当地装傻，给孩子面子。孩子都会有自己的小秘密，自己的一些事情不愿意和父母说，一些父母总想要去问个究竟，实际上这是不对的。孩子虽然小，但必须得到尊重，尤其是他心里的秘密，父母即使知道了，也要适当地装傻，自己心里知道就行了，绝不能随意揭穿。要想教育孩子可以选择其他时间采取旁敲侧击的办法，为孩子保留面子，避免孩子的逆反情绪。

对于孩子的有些事情，特别是孩子做错的事情，孩子不愿意和我们家长说，我们适当地装傻，不涉及到原则问题，不要去和孩子较真，就当自己不知道。给孩子点时间，孩子心里也明白，他们慢慢会改正自己。

父母适当装傻，可以激励孩子进取，这也是教育孩子的策略。以家长的不知换取孩子的有知，以家长的不进取换孩子的进取。因为这种情况下，孩子觉得父母不能为自己做什么，父母解决不了这个问题，所以只好选择自己做，自己去想办法解决问题，慢慢地会养成一种不依靠父母的习惯。要知道，我们什么都会，什么都明白，我们什么都为孩子做了，结果却培养出一双盲然的"眼神"，这绝对是儿童教育的悲剧！

所以，许多时候要在孩子面前装傻，千万不要表现得太聪明，免得聪明反被聪明误！

当然，"装傻教育法"是要把握好尺度和讲究艺术的。要避免让孩子认为，父母真的什么也不知道，父母真的什么也不会。装傻是一种教育孩子的智慧,最终,父母还是要用自己的智慧去引导和教育孩子。事实上,父母在孩子面前装"傻",孩子并不会真的认为父母"傻"。因为父母的"傻",孩子能够在父母面前证明自己的能力和价值时;因为父母的"傻",孩子理解了父母的智慧和人生经验时;因为父母的傻,孩子得到更多的宽容和理解时,那父母的"装傻教育法"就"傻"得成功了。

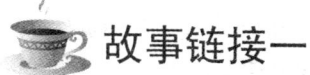 故事链接一

父亲的一堂人生励志课
——国际电影巨星阿诺德·施瓦辛格的故事

20世纪40年代,一个男孩降生在奥地利格拉茨的一位警官家。在男孩过10岁生日那天,父亲让男孩说出自己的人生理想。男孩对着生日蜡烛许下了三个愿望:第一成为世间最强壮的人;第二成为一名成功的商人;第三成为一名出色的政治家。父亲听了儿子的志向后,非常高兴,但是,他并没有给儿子更多的赞美之词,而是给儿子讲了一个故事。

在美国费城的纳尔逊学院门口竖立着两尊雕塑:一只鹰和一匹马。那只鹰,低垂脑袋,身形萎缩,那匹马,双目微睁,皮开肉绽。许多人不明白纳尔逊学院为什么要树立起这样两尊奇怪的雕塑?于是有位学子带着内心的疑云去询问学院的院长。

院长先生指着那只鹰说:"这只鹰在很小的时候,就向往着像其他的鹰一样搏击长空,翱翔四方,于是它带着强烈的愿望开始了对各种飞翔本领的练习,由于鹰学习刻苦,终于将飞翔的技巧和技能熟练地掌握了。不久,鹰迫不及待地展翅飞向自己一心向往的蔚蓝的天空。它在空中自如地展示着各种飞翔的技巧,一会儿滑翔,一会儿俯冲,一会儿盘旋,它飞过很多地方,尽情地领略天空的广阔,大地的

秀美。它为自己的成功感到自豪、骄傲。渐渐地，鹰飞累了，感到非常饥饿，它凌空俯视地上奔跑的兔子和田鼠，却不知道该怎样去捕获它们，因为过去它只顾着学习飞翔的本领，而对于如何捕食一窍不通，筋疲力尽的鹰再也没力气飞了，它伏在一处山崖上动弹不得，终于被活活饿死了。"

"那是一匹自负的马。本来它生活在一个磨坊主家，因为成天拉磨而觉得委屈，马觉得这样会埋没了自己超强的奔跑能力，一只善于奔跑的马怎么能成天拉磨呢？于是，马跑到上帝那儿抱怨。后来上帝就把马安排到一个农夫家，农夫常常让马拉着车子运些粮食和杂物，一开始马觉得这种生活不错。但是没过多久，马又开始不满足了，它跑到上帝那里抱怨农夫家只让自己拉车，却给自己吃得很差，因为农夫总是拿点干草喂它。于是，上帝又一次满足了马的要求，把它换到一个能够让它吃得很好的皮匠家。这回马根本不需干活，还会每餐吃香喷喷的食物，皮匠还会每天给马洗刷皮毛，马感到很高兴、很满足。可是不久，马却被绑在了木桩上，皮匠结果了它的性命，剥下了它那质地优良的皮。"

父亲告诉男孩：一个人不仅要有理想，更要学会生存。要学会生存技能还要懂得生存的法则：在没有干好手头上正在从事的工作之前，永远不要抱怨。

男孩在成长过程中一直牢记着父亲给他讲的故事，并用故事中的道理指导着自己的生活。他从来不抱怨命运，而是埋头干好所从事的每一项工作。为了生存，他刻苦学习安身立命的生存技能，通过经营房地产成为百万富翁。后来他又刻苦练习健美，前后共获得过一届国际先生、五届环球先生（世界健美冠军）与七届奥林匹克先生的荣誉，创造了健美界的奇迹。在21岁后，他移居美国，改行做电影演员，他更加刻苦地钻研演技，在银幕上塑造了许多家喻户晓的经典人物形象，成为人们所仰慕的国际巨星。他干一行，就钻研一行；做什么，便要做好。他写过书，一经问世便被抢购一空；他热心于公益事业，其卓越的表现，使他获得了老布什总统颁发的"国民领袖奖"；

之后，他又走上政界，竞选为州长，为本州的经济繁荣与发展他不遗余力地工作着。

他就是国际电影巨星，美国加利福尼亚州第38任州长阿诺德·施瓦辛格。

智慧启迪

懂得给孩子智慧的父母比懂得给孩子知识的父母要强百倍，因为在孩子的成长道路上，智慧比知识更重要。

第2章　自信教育，启动孩子奔向成功的马达

　　教育家苏霍姆林斯基曾经说过："要让每个孩子都抬起头来走路。""抬起头来"意味着对自己、对未来、对所要做的事情充满信心。自信的人能以积极的心态迎接挑战，具备创造的活力。自信是成功的第一秘诀，自信是启动聪明才智的马达。

6. 暗示教育法
——给孩子积极的力量

随着教育理念的不断更新，鼓励教育已越来越受到父母们的重视。在日常生活中父母不知不觉地会给孩子们一些积极的暗示。暗示教育法，最主要的是给孩子积极的力量。暗示教育在培养孩子的性格、学习和生活习惯、品质等方面起到了不可低估的作用，并能获得其他教育形式难以达到的教育效果。

【草根实践】

有时候眼神比语言更能清晰地表达感情，用眼睛把自己要说的话、要表示的态度暗示出来，效果会更好。所以，强强的妈妈很善于使用暗示教育法。

星期天，妈妈领着3岁的强强到自己的同学家串门，同学切好一盘西瓜放在桌子上给他们吃。强强刚开始吃第一块的时候，还挺听话的，过一会儿，也许是陌生感消除了，也许是同学太热情了，强强开始"放肆"起来，居然用舌头舔了盘子里的一块大西瓜，舔完了还得意地抬起头来看妈妈一眼，正准备舔第二块时，妈妈用眼睛瞪了强强一下。强强发现了妈妈的目光，明白了妈妈的意思，知道自己做错了。

4岁的强强生病了，每天都要打针吃药。看着自己的心肝宝贝"受罪"，奶奶当着强强的面埋怨爸爸和妈妈没有照看好自己的孙子。当着奶奶的面，爸爸妈妈不敢多说什么，这样一来就助长了强强的自娇心理，认为自己可了不得了，说什么也不想打针。面对孩子的表现，妈妈则保持一种平常的心态，把焦虑、心疼的情感藏在心里。奶奶出去了，妈妈暗示强强："妈妈像你这么大的时候也生过一次病，情况和你差不多，妈妈最怕打针，打针时也会哭鼻子。不过妈妈当时想，疼也得坚持打呀，不然病不会好呀。其实打针也没什么可怕的，打完针时妈妈就觉得像被小蚂蚁咬了一口，打完针后就都好了。强强在妈妈积极乐观态度的暗示下，知道了每个人都有可能会生病，病了就要打针吃药，这样才能把病治好，才能少受病痛的折磨。

7岁的强强到上学时间了，还在电视机前看动画片，妈妈没有说什么，而是收拾好东西，拿着包，推开门，在门口等着，还低头看看手表。这看似无意的举动提醒了强强，强强马上关掉电视，还不好意思地笑了一下，背好书包，就跟着妈妈出发了。许多时候妈妈就是用眼神、话语、形体语言等这样一些暗示，把自己的想法表达出来，让强强明白自己的想法，让强强受到教育的。

【草根智慧】

暗示是不明确表示意思，而用含蓄的语言或行为使人领会意图的方法。对于孩子来说，暗示教育能激发他们无意识的心理活动，在轻松愉快的气氛中接受教育，这比用强制性的、命令性的教育手段效果更好。

在孩子的成长过程中，总是难免出现这样那样令家长不满意的地方。面对孩子的捣乱或不听话时，家长的严厉批评，家长过多的说教也许换来的是孩子的对立情绪，起不到教育的效果。但是，如果对孩子的行为不闻不问，熟视无睹，任孩子自由发展，这样容易让孩子是非不明，错上加错。

暗示教育法有很多种，比如，用眼神暗示、用语言暗示、用动作暗示，等等。人的眼神能传达多种信息，比如肯定、否定、同意、可以、不能、不该等，通过眼神，形成刺激，使暗示对象做出反应。孩子做了好事，我们对他赞许地点点头；孩子解开了一道难题，我们对他会心地笑笑，都是很好的鼓励。看到孩子表现出良好行为时有意地亲亲他、拍拍他、搂搂他，这些点点滴滴的肢体语言表示了对孩子的感情和鼓励，从而树立起孩子的自信心。

有心理学家曾做过这样一个实验：选择一位相貌一般又有些自卑的女孩子，不让她本人知道，而是安排班上的男同学给她写信，称赞她的相貌，表达对她的喜爱。经过不长的时间，这个女孩果真变得漂亮了，而且她真的赢得了一些男孩子的爱慕。

心理暗示可以改变一个人的心理定位，也可能改变一个人的生理状态。所以，许多时候，父母不妨给孩子一些暗示，特别是在外人面前，孩子有了不得当的行为，又不好开口对孩子直接批评时，手势、眼神等暗示教育法更能起到"此时无声胜有声"的功效。

7. 拇指教育法
——赏识孩子，给孩子动力

这个世界上从来不缺少美好的事物，而是缺少一双善于发现美好事物的眼睛。每个孩子身上都有优点，关键是我们当家长的能不能发现。当我们发现孩子在做一件事情时，不论孩子会做得怎么样，我们都应该有一颗善待孩子的心，一定要鼓励孩子、赞美孩子，从而使孩子做得更好，不能批评甚至嘲笑孩子。最重要的是我们家长应该有这种意识：批评和嘲笑可以使天才变成蠢材，鼓励和赞美可以让蠢材变成天才。

【草根实践】

有一位神奇的"赏识老爸"，很多问题孩子，一到他这里，用不了多长时间，都会变成好孩子。这就是很多家长所熟悉的周弘。

周弘不是"教育家"，他只是一位普通的草根家长。因为自己的女儿周婷婷患有"先天性耳聋"病，周弘想让她像别人家正常的孩子一样说话、学习和生活，所以才走上了儿童教育之路。

在教女儿说话的过程中，周弘开始关注教育方法，他查阅了很多有关心理学和教育学的书籍，他发现所有聋儿的父母，包括自己在内，对待孩子总是抱着同情、怜悯的态度。同情、怜悯下长大的孩子，脾气不好，总是对家长撒气。周弘开始反思，应该用一种什么样的态度来对待女儿。他问自己，如果我是女儿周婷婷，我能不能做到这么平静、这么乐观、这么坚强？恐怕自己做不到。他发现女儿不是自己同情的对象，而是自己生命中的英雄，她才应该是自己崇拜的偶像。"从这时起，我就向她永远地竖起大拇指。"这次认识上的彻底转变，被周弘称为是一次"顿悟"。

从这以后，教育周婷婷时，周弘总是采取"竖起大拇指"教育法。

根据口型发音的婷婷说话有些古怪，她总是有点不自信，有一次，她问爸爸说："我的声音好听吗？"周弘竖起一个大拇指，笑着说："你的声音好像一串串珍珠，棒极了。"

婷婷在第一次做应用题时，10道题做错了9道。谁知周弘看了，错的题目没有打叉，对的题目打了个大大的勾："真是了不起，第一次做应用题就做对了一道。爸爸像你这么大的时候，碰都不敢碰！"

婷婷写的每一篇日记，周弘都用红笔在好句子下画横线，然后高声朗读，在家人的一片掌声中，周婷婷开心地笑了。

在爸爸的鼓励下，婷婷信心十足，不但没有去聋哑学校读书，而且和正常孩子一起学习时，她以常人难以想象的努力，取得了辉煌的成绩。

10岁时，她与父亲合写了一本12万字的图书《从哑女到神童》。

11岁时，她获得了全国十佳少先队员的称号。

16岁时，她被辽宁师范大学破格录取，成为中国第一位聋人少年大学生。大学4年里，婷婷不仅学会了英语的书面语言，还掌握了口语。

21岁时，她选择美国加劳德特大学读心理咨询专业硕士，因为加劳德特大学是全球聋人研究的中心。

22岁的周婷婷和吴仪、邓亚萍、杨澜等被一同选为首届"海内外十大时代女性人物"。

24岁时被哥伦比亚大学和波士顿大学录取为博士生。

如今的周婷婷，阳光、自信而又快乐。

【草根智慧】

周弘的"竖起拇指教育法"不仅改变了女儿的命运，甚至改变了千千万万孩子和家庭的命运。从培养自己孩子的经历中，周弘总结、创立了一套"赏识教育"的理论。在周弘看来，对孩子，你爱他就要尊重他、欣赏他。

著名教育家陶行知任育才学校的校长时，有一天他看到一位男生正要用砖头砸同学，就赶紧制止了他的行为，并要求这个男生到校长办公室去。等陶行知回到办公室，见这个男生已在那里等他。陶行知没有批评这个男生，而是掏出一块糖递给男生："这是奖给你的，因为你比我提前来了。"接着又掏出第二块糖给男生："这也是奖给你的，我不让你打人，你立刻住手了说明你很尊重我。"男生将信将疑地接过糖果。陶行知又说："我刚才了解了一下，你打同学是因为他欺负女生，说明你有正义感。"陶行知遂掏出第三块糖给他。这时男生哭了："校长，我错了，同学再不对，我也不能采取这种办法。"陶行知拿出第四块糖说："你已认错，再奖给你一块，我的糖分完了，我们的谈话也该结束了。"陶行知用赏识的四块糖解决了孩子的问题。陶行知总结说："教育孩子的全部秘密在于相信孩子和解放孩子。相信孩子、解放孩子，首先要赏识孩子。"

赏识孩子确实是一门学问。如何才能让赏识发挥作用，需要艺术和技巧。孩子点滴的努力，微小的进步，不太明显的优点，不大起眼的长处，都需要我们家长用心发现和重视。孩子做错的事情，能不能从正面去赏识，这更需要我们家长的智慧。捕捉到每一个赏识孩子的时机，用恰当的方式表达我们的赏识，是我们每一位家长必须学习的课程。

教育离不开真诚的欣赏。赏识是对孩子的接受和宽容，是与孩子心灵的默契。父母对孩子适度的表扬和鼓励，用欣赏的眼光去看待孩子,不仅是开启孩子智慧大门的钥匙,同时也是亲子间最好的沟通桥梁,它让孩子与我们的心灵贴得更紧、更近。

我们应科学地、正确地评价孩子;全面地、积极地、发展地看待孩子,比如,有的孩子学习成绩不太理想,但是他们却在个人修养、精神境界、习惯、性格、动手能力等方面表现很优秀,这些存在于孩子身上的具体、实在的内容都应被纳入我们对孩子的评价过程中。在日常生活中,父母们应多一些对孩子真心的赞美,发现他们每一个细小的优点,从而实事求是、恰如其分地对他们加以表扬。

赏识,无处不在。孩子认真写作业时,我们可以称赞"你的字越来越有进步""发现你这一段时间写作业比前一段时间更上心了"。在孩子取得一定的进步时,我们可以称赞孩子"真有你的,又进步了!"在孩子因某项特长被选派参加竞赛时,我们可以称赞"你是我们全家人的骄傲"……

在具体的情景下,源自父母心灵深处的真心赏识,会让孩子领悟到父母在日常的一言一行中所暗示出的对自己的美好期待,从而备受感染和鼓励,积极性被调动起来,对父母产生了信任和尊重,良好的亲子关系也就这样形成了。爱孩子请尊重他、欣赏他,向他竖起我们的大拇指。

当然,赏识教育的重点在于父母发现孩子的优点,特别是发现孩子没有做好的事情中所包含的积极因素,然后通过适当的方式表达出来,这一点,更重要。

8. 肯定教育法
——告诉孩子"你能行"

肯定和认同有一种无穷的力量。肯定和认同催人奋进,能开阔失败者前进的空间，不断激励胜利者昂扬的斗志。它往往在给人信心的同时也就会催生一个人才，创造一个奇迹。肯定孩子，告诉孩子"你能行"，给予孩子的是追求成功的勇气。这样，孩子才能把握机会，不断进步。

【草根实践】

晓宏参加省里的中学生演讲比赛，获得了一等奖，消息传开，亲朋好友都羡慕晓宏妈妈有这么一个有出息的女儿。说起女儿在演讲方面的成功，还要归功于妈妈对女儿长期以来的认同教育。

晓宏在读小学的时候，是一个比较内向的女孩，学校的活动，一般都不主动参加。特别是类似上台到前边说话的活动，更是不敢参加。读四年级的时候，一天，放学回到家，晓宏对妈妈说，下周一班里要举行演讲比赛，老师要求每个同学都准备演讲稿。妈妈听后很高兴，觉得这是一个锻炼女儿的好机会，就帮助女儿准备了演讲稿，并且自己当观众，要女儿反复演练了几个晚上。可到星期一早上，晓宏却对妈妈说，她有点害怕，不想参加。妈妈听了就鼓励她说，"孩子，你能行，妈妈相信你！"放学后，晓宏有些精神不振，低着头进了屋。还没等妈妈问，她就对妈妈说，自己真没出息，讲到一半就忘词了，结巴了好一阵，才想起来继续讲完。妈妈听了，非常高兴地鼓励她说，不错，你比妈妈当初厉害多了，妈妈第一次参加演讲时，刚上台就忘词了，最后是拿出稿照本宣科的，下次你一定会表现得更好的。晓宏听了妈妈的话，心情好多了。

从这以后，妈妈为了锻炼晓宏，每天晚上，鼓励晓宏给爸爸和妈妈讲一个小故事。刚开始的时候，晓宏讲得有点乱，还不时参照一下书，但是每讲完一个，都能得到爸爸妈妈的夸奖："你真行，比昨天好多了，相信明天你能讲得更好。"晓宏从讲故事的锻炼中，从爸爸妈妈的认同中找到了自信。慢慢地，居然能讲得有条有理，并且开始主动参加学校的各种活动了。

"孩子，你能行！"一句充满信任和鼓励的肯定的话，让晓宏发生了奇迹般的变化。

【草根智慧】

许多年前，因为家里贫穷，一个十岁的男孩不得已到工厂做工。但是，他一心想当一个歌星，总是找机会向别人学习唱歌。第一个教他唱歌的老师对他说："你五音不全，不能唱歌，你的歌简直就像是风在吹百叶窗一样。"男孩很伤心，回到家里向他当农妇的母亲哭诉这一切。母亲用手搂着他，轻轻地说："孩子，其实你很有音乐才能，听一听吧，你今天的歌声比起昨天的乐感好多了，妈妈相信你会成为一个出色的歌唱家的……"听了这些话，男孩的心情好多了。后来，这个男孩经过不断努力，成了那个时代著名的歌唱家。他的名字叫恩瑞哥·卡罗素。当恩瑞哥·卡罗素回忆自己的成功之路时这样说："是母亲那句肯定的话，让我有了今天的成绩。"

也许，卡罗素的母亲从来都没有想到过她的儿子能成为歌唱家，也许根本没有指望过靠她的三言两语去改变她的儿子，然而，事实上，正是她那句善意的肯定成就了那个时代最伟大的歌唱家。

有人说，没有种不好的庄稼，只有不会种庄稼的农民；没有教育不好的孩子，只有不会教育孩子的父母！是的，农民怎样对待自己的庄稼，决定了庄稼的命运，也决定了自己的收成；家长怎样对待孩子，决定了孩子的命运，也决定了自己的希望！农民希望自己的庄稼快快成长的心情和家长们希望自己的孩子早日成才的心情完全一样。唯一不同的是，庄稼长势不好时，农民不埋怨庄稼，相反总是从自己身上找原因，总结经验教训；而孩子学习不佳、表现不好时，一些家长更多的是抱怨和指责孩子，却很少反思自己的过错！

人性中最本质的需求就是渴望得到肯定、尊重、理解和爱。就精神生命而言，每个孩子都希望自己得到父母的认同和肯定。肯定教育的特点是注重孩子的优点和长处，逐步形成燎原之势，让孩子在"我能行"的心态中成长。一些家长总是抱怨孩子，不放过孩子的弱点和短处，小题大做、无限夸张，使孩子自暴自弃。要知道，不是好孩子需要认同和肯定，而是认同和肯定使他们变得越来越好；不是坏孩子需要抱怨和否定，而是抱怨和否定使坏孩子越变越坏。

实现良好的家庭教育，就必须实现孩子与家长之间良好的沟通，只有家长更多地了解孩子的观念，才能够让自己从内心里真正认同孩子。同样的，只有孩子更多地懂得家长的苦心，才能够解决孩子因此而产生的逆反心态。家长能够经常肯定孩子，孩子就会经常肯定自己。只要我们多一点细心，多一些鼓励，多一点掌声，每一个孩子都会在我们的鼓励下走向成功的。

当然，肯定教育要注意的问题是不可太过，肯定孩子，告诉孩子能行，并不是告诉孩子什么都比别人强，不能让孩子形成别人都不行的心理，不能因此而使孩子骄傲甚至狂妄，骄傲狂妄的结果是孩子必定要失败。

9. 鼓励教育法
——给孩子前进的力量

美国心理学家德里克曾说过："孩子需要成人的鼓励，就像植物需要水一样。"鼓励是孩子成长的道路上不可缺少的助推剂，是孩子茁壮成长的阳光。给孩子鼓励，让他们更加积极自信，快乐地学习和生活！

【草根实践】

女儿晓婷在接到特快专递送来的北京大学录取通知书时，趴在妈妈的怀里大哭起来,边哭边说:"妈妈,我知道我不是个聪明的孩子,可是,这个世界上只有你总是鼓励我……"

"孩子,这是你努力的结果!只要你努力,今后还会取得更大的成绩!"妈妈什么时候也不忘记鼓励女儿。是的,回想起来,女儿的成功,是鼓励教育的结果。

妈妈记得,第一次去参加晓婷幼儿园的家长会,家长会结束时,老师私下对她说:"你的女儿晓婷上课时不专心,安静不了三分钟,就动来动去的,我怀疑晓婷有多动症,建议你领孩子去医院检查一下。"回到家里,晓婷有点不安地问妈妈,老师批评我了吗?妈妈鼻子一酸,差点流下泪来。因为全班35位小朋友,老师只批评了她的女儿,说晓婷表现最差。然而妈妈还是很高兴地对女儿说:"老师表扬你了,说晓婷现在比以前听课专心多了,刚到幼儿园时在板凳上坐不了一分钟,现在能坐三分钟了。其他的妈妈都非常羡慕妈妈呢,因为全班只有晓婷进步最大。"那天晚上,女儿晓婷非常高兴,和妈妈说了半晚上幼儿园的事。

晓婷上小学了。妈妈去老师那里了解女儿的情况,老师对她说:"全班45名同学,你女儿这次数学成绩排在第42名,难题一片空白,简单的也不仔细做,我们怀疑她智力上有些障碍,你最好能带她去医院查一查。"在回家的路上,妈妈流下了泪。然而,当她回到家里,却对坐在桌前的女儿说:"老师说你不是一个笨小孩,只要你平时做题再仔细些,会超过你的同桌,这次你的同桌排在第30名。妈妈和老师对你都很有信心!"听完这话,晓婷黯淡的眼神一下子明亮起来,沮丧的脸也一下子舒展开来。而且从这以后,晓婷学习用心多了,也好像长大了许多,晚上做完作业后,自己还会再检查一遍,并且比平时延长了半个小时的学习时间。

晓婷一点点长大了,上初中后,虽然成绩也不是很理想,但是在妈妈的鼓励下,自己知道用功学习。晓婷进入初三了,妈妈又一次去和老师了解晓婷的学习情况。妈妈已经做好了挨老师批评的准备,可是,出乎意料,老师告诉她:"按你女儿目前的成绩,考重点高中好像有点危险。"听了这话,妈妈反倒喜出望外,又一次流下了激动的泪水。看到正在校门口等自己的女儿,她扶着女儿的肩膀一起走着,心里有一种说不出的甜蜜,她告诉女儿:"老师告诉我,他对你非常满意,只要你再努力一下,考上重点高中没问题。"

果然,晓婷上了重点高中。不但如此,凭着晓婷的勤奋好学,成绩平稳进步,到高三时,已站稳了班级前三名。晓婷如愿地考上了自己理想的北京大学。

【草根智慧】

美国有一个家庭,母亲是俄罗斯人,她不懂英语,根本看不懂儿子的作业,可是每次儿子把作业拿回来让她看,她都说:"棒极了!"然后小心地把儿子的作业挂在客厅的墙壁上。每有客人来,她总要很自豪地向客人炫耀:"瞧,我儿子写得多棒!"其实她儿子写得并不怎么好,可客人见主人这么说,便连连点头附和:"不错,不错,真是很棒!"儿子受到妈妈和客人的鼓励,心想:"我明天还要比今天写得更好!"于是,他的作业一天比一天写得好,自然,学习成绩一天比一天提高。

天下人的相貌不同,个性不同,但有一点是相同的——渴望听到喝彩和鼓励!每个人都喜欢听鼓励和表扬的话,大人们是如此,孩子更是如此。如果想让孩子在学习上在行为品德上不断进步,那么,我们就要仔细观察孩子的点滴进步,及时予以鼓励。鼓励小进步孩子才会有大进步。常言道,好孩子是夸出来的。所以多夸夸孩子们,用鼓励的手段给孩子信心和力量,用激励的手段调动孩子学习的积极性,让他们在鼓励和激励中坚定求知的意志。

对孩子的夸奖、赞美有着不可估量的力量,它可能改变孩子的一生。美国著名心理学家杰丝·雷耳说:"称赞对温暖人类的灵魂而言,就像阳光一样,没有它,我们就无法成长、开花。但是我们大多数的人,只是善于躲避别人的冷言冷语,而我们自己却吝于把赞许的温暖阳光给予别人。"适当夸奖、赞美和鼓励有利于培养孩子良好的行为习惯和道德品质；能给孩子所需要的价值感、胜任感和自信心；更可以增强孩子对家长的信任感。这些都是孩子成长所必需的。

多鼓励我们的孩子吧，那是孩子前进的动力和源泉。

鼓励教育法最为关键的问题是，在孩子没有做好，在孩子遇到失误、失败、遇到挫折和坎坷时用家长的智慧去鼓励孩子，给孩子提升信心，给孩子增强勇气。

10. 行动教育法
——让孩子用行动证明自己行

几千年来，中国的父母总是想为孩子多做一些。父母们也知道，自己也有老的时候，也有干不动的时候，但一些父母会说，到干不动时再说吧。大有一种"春蚕到死丝方尽"，为孩子"鞠躬尽瘁，死而后已"的味道。真正的爱孩子的父母应该是在自己还能做时，就培养孩子让他自己也能做。让孩子用自己的行动来证明自己行，给孩子信念、信心和力量。

【草根实践】

以种地为生的夫妇俩，中年时才生了一个儿子。夫妇俩对儿子是疼爱有加，什么事都不让儿子做，慢慢地，儿子养成了游手好闲，好吃懒做的毛病。儿子在一天天的长大，夫妇俩也在一天天的老去。他们越来越感到力不从心了，可看到一事无成的儿子，父亲整天忧心忡忡。

一天，父亲和母亲商量："我们也老了，快干不动活了，儿子要是再不学会做点事，我们的一点积蓄就得让他坐吃山空，他自己也得饿死。应当让他自己学会挣钱糊口了。"

母亲犯愁了，她深知儿子一个小钱也挣不着。她怕儿子受苦，又怕儿子回来交不了差。第二天，她就偷偷地给了儿子一些钱，并要儿子在外面找个地方待一天，太阳下山的时候回家，然后把这钱交给父亲，就说是自己挣来的。儿子按照母亲的意思办了。在外闲逛了一天，傍晚时回来把钱交给父亲，父亲一看他逍遥自在的样子，把接过手的钱撕碎，并说，这不是你挣的钱。

一看这种办法不行，第二天，母亲又给了儿子一些钱，嘱咐儿子：出去在外边多跑跑多逛逛，晚上回来就显得累了。这样你爹就会相信钱确实是你自己挣的了。儿子又按照母亲说的去办了，晚间回来，把钱递给了父亲。父亲接过来，在手中挥动了几下，又看看儿子，对儿子很不满："这不是你亲手挣的钱，你在骗我。"说完又把钱撕碎扔掉了。老母亲站在旁边，看到扔钱时，儿子脸上没有什么表情，脸上的肌肉都纹丝不动一下，因为儿子不知道挣钱是多么艰难。于是母亲告诉儿子："别再想着骗你父亲了，找个地方干活去，学点手艺。不管挣几个钱，都要交给你父亲。让他知道，你能自食其力。"

没办法，儿子离开了家，四处找挣钱的地方。开始的时候，没人雇佣他。最后他提出不要工钱，只需有个吃住的地方就行，这样才勉强有一个农场收留了他让他下地干活。他一会儿向别人学做农具的手艺，一会儿又向别人学种地的技术，几天下来，手也磨破了，人也瘦了一圈。三个月后，儿子提出要回家看看，雇主见他干活很卖力气，就给了他一些钱。儿子将钱带回家交给了父亲。老父亲脸色没有像上两次那样难看，他把钱从一只手，倒向另一只手，闻了闻，就又把钱撕碎。"我不相信这些钱是你挣的。"儿子见自己辛苦挣来的钱又要被父亲扔掉，感到十分委屈，急忙把父亲手里的钱抢过来，并大声嚷道："你干什么！为了挣这些钱，我从早到晚干了几个月的活儿，受了多少累，你知道吗？你怎么不把它们当回事儿，还要扔掉。"

父亲看了看儿子，笑了："现在我真相信了，这才是你自己挣的钱，也知道这钱来之不易。你用行动证明你能行了。"

【草根智慧】

农民父亲是个智者，他没有用更多的语言去伤害孩子，他用自己的智慧告诉孩子要用行动来证明自己行。他将儿子推上了一条看似艰难但却是无限光明的道路。

一个幼儿园有几个国家的孩子。园里的老师观察到一种有趣的现象：各国的孩子在一起玩沙土，一个外国孩子用小铲子把沙子往漏斗里装。漏斗会漏，沙子总也装不满，他就用手指头堵住漏口，等沙子装满就把漏斗挪到瓶子口边，再放开手，让沙子流进瓶子。由于沙子漏下的速度很快，从孩子拿开手指到漏斗对准瓶子口，沙子剩不了多少。但孩子没有泄气，一点一点儿就这样坚持地做着。终于，他在一次次的反复中找到了办法：他先把漏斗口对准了瓶子再倒沙子，很快瓶子就装满了。孩子笑了，高兴地看着身后的妈妈，而他的妈妈正鼓掌为他庆贺。另一位中国孩子的妈妈却是另一种做法：当孩子拿起漏斗，沙子从底部漏掉时，妈妈立刻蹲下身子教孩子，帮助孩子把漏斗对准瓶子口，再让孩子把沙子灌下去。

两种做法的差异是很大的。一些中国的家长什么都愿意为孩子做，认为多替孩子做一些，孩子就少辛苦一些。他们没有意识到，让孩子去"走冤枉路"其实也是一种学习方法。因为总是替孩子做，我们的父母无意中剥夺了孩子从失败中寻找经验和方法的机会，也无意中剥夺了让孩子证明自己有能力的机会。

作为父母，我们应该认真地反思一下了：到底怎样帮助孩子？是代替他们做事，还是让他们自己做事？是处处表现父母行，还是让孩子用行动证明自己行？这些问题不用回答。但有一点家长要弄清楚：家长行不等于孩子行，孩子行才是真正的行。孩子能够用自己的信念、自己的能力、自己的行为完成自己一生的成长之路，这才是我们做家长的最值得骄傲的事，也是我们家长最大的成功。

在使用"行动教育法"时，关键是要让孩子去做，鼓励和支持孩子去做，在行动中发现问题解决问题，在行动中认识自己、了解自己、完善自己。

11. 欣赏教育法
——满足孩子内心最本质的需求

美国心理学家威廉·詹姆斯说过："人性最深刻的原则就是希望别人对自己加以赏识，给以欣赏。"对教育来说，要想把孩子塑造成我们渴望的样子，只有靠激励和赞美，才能达到真正的目的。欣赏教育的实质就是把人生的价值赋予儿童教育中。在这个世界中，教育的方向和效果更多地取决于我们的信念和期待。

【草根实践】

女孩茗茗从小就被公认为才女，她7就开始写诗，16岁就出版了她的诗文集，那么茗茗是怎样走上诗歌创作的道路，何以小小年纪就取得如此的成绩呢？

这一切都得益于她的妈妈对她从小的欣赏。妈妈常对茗茗说："孩子，妈妈是你永远的读者。"正是这样忠实的读者培养了茗茗这样的少年诗人、少年作家。

7岁的茗茗就被爸爸妈妈送到寄宿制学校读书，因为学校不让学生带玩具，细心的妈妈悄悄地给女儿带了一面小镜子。没想到，这面小镜子竟成了陪伴女儿度过寂寞时光的伙伴。为了宣泄自己想家的情绪，茗茗写了一首小诗《美丽的镜子》，当时她还不大会写字，一些字还是用拼音代替的，写诗的感觉令她兴奋不已，写完后自己也很欣赏自己的诗。星期六回家时，茗茗把诗交给妈妈看，妈妈看后，激动地说："太棒了！我的女儿会写诗了！我要把它珍藏起来。"

妈妈的鼓励，让茗茗信心大增，写诗方面的潜能被激发出来。随后，她又陆陆续续地写了第二首、第三首……后来又开始写散文、小说。

不管妈妈有多忙，只要茗茗有新的作品，妈妈都会放下手头的事，听女儿读，给她提意见，做她的第一听众、第一读者。加上妈妈适时的赞赏，大大刺激了茗茗的写作热忱，也使她对自己的写作能力充满自信，随着年龄的增长，茗茗的作品越来越多，一些作品也慢慢地变成了铅字发表。

茗茗的心思是非常细腻的，每逢父母的生日或新年，她总要给爸爸妈妈送贺卡。第一次，她送给爸爸的生日贺卡是这样写的"将心中沉沉的爱意化做深深祝福，祝愿爸爸生日快乐，永远快乐！"爸爸看后虽然很感动，但只是说："哟，女儿长大啦，记住爸爸的生日了，谢谢你！"然后随手将贺卡放在桌上。茗茗看了爸爸的做法后很失望，觉得爸爸不重视自己的卡片，在以后给爸爸的贺卡中，慢慢地就剩下一句话了："祝爸爸身体健康，工作顺利。"

但是茗茗的妈妈却不同，她能读懂女儿的心，对于女儿送给她的贺卡，妈妈总是非常珍视，并以激动的心情向女儿致谢："妈妈太感动了！我要把这张贺卡永远保存！"而这句话对女儿的鼓励是巨大的。

有一次茗茗送给妈妈的贺卡上写了这样一首小诗："任岁月如水滑过，任时光从身边流逝，当一切事情都黯然失色，当所有的容颜都失去光泽，母爱的光辉却永不褪色，她像一首恒久的诗篇，在天地间无悔地闪烁！"

茗茗的妈妈和爸爸在分享这些快乐时，爸爸也曾经和妈妈抱怨说，"同样是父母，给我写的贺卡流于形式，而给你写的却感情充沛，这真有点不公平。"妈妈就说，这便是长期以来，她对女儿进行肯定和欣赏的效果。

茗茗也曾多次表示："妈妈的欣赏是我写作的最大动力！"

【草根智慧】

哲人说，世界上不是缺少美，而是缺少一双发现美的眼睛。一个对生活充满热爱、对生命充满理解和尊重的人，总是会从不同角度去挖掘潜藏在他人身上的光芒，给人以激励。这样的视角，放在教育上，就是一种真正的、充满智慧的教育观。欣赏教育就是一种充满智慧的教育。

说起来，欣赏教育很简单，一句话：当孩子做事时，当孩子做得好时，当孩子有成绩时，当孩子有进步时，我们多给孩子以肯定。"欣赏引向成功，抱怨导致失败"，这是欣赏教育倡导者们最重要的主张。当然，欣赏教育是在承认差异、尊重差异的基础上产生的一种良好的教育方法；是帮助孩子获得自我价值感、发展自尊、自信的动力基础；是让孩子积极向上，走向成功的有效途径。欣赏是一种理解，更是一种激励。只要我们能够真正理解孩子，欣赏孩子，尊重孩子，那么，孩子心灵的苗圃就会阳光明媚，春色满园，孩子个性的幼苗就会一派生机，茁壮成长！

在今天的家庭教育和学校教育中，没有"欣赏"的教育不是好的教育，仅有"欣赏"的教育是有缺陷的教育。"欣赏教育"不是教育的全部，它只是众多教育手段之一。人生之路不可能永远与鲜花和掌声为伴，必然经历荆棘和坎坷。受教育的过程，既是积累科学文化知识的过程，也是积累人生经验、人生感悟的过程。所以，既要让孩子感受鲜花和掌声，也要让孩子感受荆棘和嘘声；既要让孩子享受和风细雨，也应让他们感受风暴雷鸣。"鲜花和掌声"鼓励孩子成功；"风暴和雷鸣"给孩子经验。只有让孩子懂得这些，他们才会早做心理准备，才能真正健康地成长。

当然，进行欣赏教育也不是很简单的事情。欣赏教育是一种教育艺术，也需要教育技巧。欣赏孩子是一门学问，它包括信任、尊重、理解、激励、宽容、提醒等许多内容。这需要家长一点点去体会。欣赏教育应该注意的几点：一是多找孩子的优点。要知道，使孩子最乐意接受的方法才是最好的教育方法。多找孩子的优点，然后让这些优点通过家长的"小题大做"，使孩子优点越来越多，缺点越来越少。二是坚信孩子行。当我们始终相信孩子"行"的时候，孩子就真的能行。三是不要吝啬我们的"欣赏"。这一点也是最重要的。要学会让没有任何成本的"欣赏"随口而出送给孩子。古人云"士为知己者死"，说的就是为绝对欣赏自己、信任自己的人去死都愿意。可见被人欣赏后的无穷动力。每个人都需要他人欣赏，成人如此，孩子更是如此。

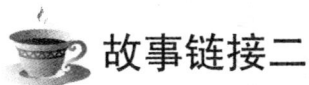 **故事链接二**

没有比脚更长的路——日本化学家、诺贝尔化学奖得主福井谦一的故事

有个叫福井谦一的日本孩子，是家里的独子，因为家境殷实，父母都受过良好的教育，所以父亲对他寄予了厚望，希望他能有一番作为。可是福井谦一上学后学习成绩很一般。特别是化学成绩更不尽如人意，多次不及格。一次，福井谦一的化学测验又不及格，为此他实在不知道该怎样去面对父亲，他连家都不想回，在马路上转了好几圈，左思右想下，他觉得自己不是读书的料。于是他决定干脆向父亲摊牌，提出自己不想读书了。

父亲听了他的话，先是一愣，而后深思了良久，然后告诉儿子："无论你将来做什么，都必须要读书。不读书，没有文化，那就什么事也干不成。"见福井谦一不说话，父亲继续耐心地开导他说："一个人无论做什么事，都会遇到挫折。遇到一点困难就退缩，那就永远也不能进步。必须勇敢地去面对困难、克服困难，才能真正地超越困难，走向成功。"最后，父亲叮嘱福井谦一："孩子，你要记住——没有比人更高的山，没有比脚更长的路，只要向前走，我们就能成功。"

父亲的一番话深深地打动了福井谦一，使他意识到自己确实不该就此放弃。福井谦一收回了不去读书的想法，从此，更加努力地学习。

觉醒了的福井谦一开始重新规划自己的学习，他制订了学习计划，安排好了自己的时间，决心从头开始补起。他把自己最不好的化学科目的课本都找出来，从头学起，经过了半个学期的努力，初见成效，他的成绩一点点上升。曾经几度不及格的化学，竟然成为他的优势学科，并当上了化学课代表，而且还获得了参加化学竞赛的权利。经过他不懈的努力，福井谦一后来终于成了一名著名的化学家，并于1981年获得诺贝尔化学奖。

智慧启迪

没有比脚更长的路，没有比人更高的山。山高，路远，但只要我们相信自己，只要我们坚持就总可以到达。

第3章 品质教育,让孩子站在更高的颁奖台上

罗曼·罗兰说:"99%的努力和1%的灵感,对于成功是不够的,你还必须要有200%的道德品质作保证。"品质教育是培养孩子、造就孩子过程中非常重要的活动。一个人学业上的缺陷并不一定会影响他的一生,而道德、人格上的缺陷却可能害他一辈子。品德,是我们每个人人生大厦最坚实的基石。

12. 苦乐教育法
——历练孩子自强不息的精神

为人父母，想得更多的是怎样给孩子创造一个良好的成长环境，包括衣食住行等物质生活环境，以及情感、心理等精神生活环境。特别是对于今天的独生子女，一些父母更是呵护备至，唯恐让孩子受一点苦，唯恐让孩子精神或情绪上受到一点不良刺激。可是这样养大的孩子面对困难和挫折时容易不知所措，容易退缩、失败。著名教育家陶行知先生说："不要担心挫折，应该担心的是怕挫折而不敢让孩子做任何事情。"所以，对孩子适当的历练是应该的，要让孩子知道"苦"和"乐"的关系，让孩子吃点苦，这样才能得到"乐"。

【草根实践】

因为坚持练习书法，萍萍在上小学三年级的时候，字写得就很不错了。老师说，让她坚持练习，也许会有些成就。所以，妈妈对萍萍练习书法的事要求更严格了。因为练习书法时必须精神专注，排除一切杂念，而且需要持之以恒，这样不仅能练就一手好字，还可以从中培养一种吃苦耐力的精神。暑假，天气炎热，妈妈要萍萍练习书法时，萍萍有点不耐烦，几次想放弃。每每这时，妈妈就告诉萍萍，你尝试过很多次了，学英语，嫌枯燥；学画画，嫌难学；学跳舞，嫌腿疼，都因为怕苦、怕累，一次次放弃。书法也是你当初比较喜欢的、唯一坚持下来的爱好，现在遇到一点挫折又想放弃了。放弃书法，就是放弃坚持，放弃吃苦，就是放弃生存的本领，最终使放弃成为一种习惯。

妈妈用最简单的道理为萍萍作比喻："人生有两杯水一定要喝，一杯是苦水、一杯是甜水，只不过每个人喝甜水和喝苦水的顺序不同。先苦后甜或先甜后苦。先有的甜是父母给的，有限的。不愿吃苦的人、不能吃苦的人、不敢吃苦的人往往一辈子都在吃苦。"

萍萍在妈妈的引导下，潜移默化地接受了这种"先苦后甜"的人生成长理念。寒来暑往，萍萍一天天坚持着，功夫不负有心人，萍萍在多次书法比赛中获奖。六年级时还被选送随市教委组织的书画少年交流团赴国外进行书法交流。她出国回来见到妈妈的第一句话就是，"感谢妈妈对我的培养，感谢妈妈的这份坚持。"从萍萍的这句话里，妈妈感觉到了欣慰。

从国外回来后，萍萍的转变很大。她把这份坚持，这份吃苦精神更加放大。刚开始上初中时，英语成绩不太理想，为了学好英语，萍萍每天早上醒来到上学之前，放学之后到晚上睡觉之前英语复读机就没有停止转动过，每一盒磁带不知反复听了多少遍，有时候，磁带都破损得不能再听了。几个学期下来，她的听力进步了不少，对英语也产生了浓厚的兴趣。为了学得更好些，萍萍还自己购买了超过课本知识的教材，利用课余时间进行学习，由于她的勤奋努力，她在全国中学生英语竞赛中荣获一等奖，还成为班上的小英语老师。因为学习劲头十足，萍萍初中三年来成绩一直在学校名列前茅，初中毕业时，取得了全市重点高中任意选择的资格，并凭借自己的综合实力，赢得了被新加坡政府录取为全免费赴新加坡学习的机会。

两年后，萍萍又以年级第一名的优异成绩取得了在新加坡任选院校的资格。

谈起自己走过的路，萍萍有很多感受。她的自诫语是："成长有痛苦时，不要抱怨，始终向前。"凭着那份勇于吃苦的精神、凭着那份学习的主动性、凭着那份良好的学习习惯、凭着爸爸妈妈为她总结的"自主、自制、自立、自强"的精神支柱，不断地在学习在进步。

妈妈在总结萍萍成功的经验时，不无感慨地说，当初的苦乐教育法对孩子的影响是最大的。

【草根智慧】

"再苦不能苦孩子，再穷不能穷教育。"这句话原意是倡议社会各界都来关心儿童教育，多投入一些钱来支持教育事业的发展，但是却被一些家长误解，将其一分为二。这些家长们只强调前者，因此，"再苦不能苦孩子"成了一些家长的口头禅，成为这些家长不让孩子受"苦"的借口。

"谁舍得孩子吃苦？"这种思想，存在于万千中国家庭，尤其是城市中一些条件比较好的家庭。由于每家只有一个孩子，很多家庭存在6个大人（爷爷奶奶、外公外婆、父母）关注一个小孩的情形，因此，孩子集万千宠爱于一身，不能饿着、不能冻着，也用不着为家庭分一丝忧，只需按照家长的规划上好学、读好书、取得好成绩就行。这些孩子在养尊处优中度过了自己的童年与少年时代，完全不识苦滋味。甚至到了大学时，还不会自己洗衣服，需要父母辞去工作去陪读。一些家长把大量的精力和金钱都花在了孩子身上，想方设法让孩子穿名牌、吃营养、玩时尚、读重点，上学有人送、放学有人接、书包有人提、衣服有人洗、被子有人叠。有的家长甚至到学校帮孩子打扫卫生、擦黑板，学校组织的课余劳动课，几乎成了众多家长的劳动课。孩子要什么就买什么，要怎样就怎样，孩子俨然成了大人们心中的"太上皇"。最后的结果是孩子只知道享受，因为吃不得苦，所以学习成绩自然也不好，自我成长、自我管理的能力很差。

相反，一些家庭条件一般的父母，却能够在孩子物质生活方面教育孩子自立，把孩子培养成有用的人才。

17岁的北京奥运会举重冠军龙清泉，父母外出打工，在一个砖厂上班，月工资仅1000余元，勉强支付日常生活开支用。父母教育龙清泉要自立，龙清泉也很理解父母，他主动承担训练场馆的打扫工作，每天把大家扔下的矿泉水瓶收集起来，等攒到一定数量后，他就用大袋子装着到街上去卖废品，得点钱用以补贴家用。

明智的父母应该从小就让孩子"吃点苦"。要知道，蜜罐里长大的孩子缺乏生活的免疫力、竞争力和创造力。

当然，苦和乐是相对的，是相生相克的，有苦才有乐，乐极又会有苦。应用苦乐教育法，我们父母应该注意的是，让孩子接受苦的教育要适度，因为我们教育孩子的目的是让孩子快乐成长，让孩子享受到更多的快乐，孩子才能有快乐的人生。如果总是给孩子"苦"，孩子没有快乐感，孩子就会对学习、对生活失去兴趣。所以，要让孩子有苦还要有乐。苦与乐交融，孩子的学习和生活才能丰富多彩。

13. 故事教育法
——小故事小道理

今天的孩子都成熟较早，自主意识很强。用一些家长的话说，孩子什么都懂，就是和你装糊涂，你越不让孩子做的事情孩子越要做，孩子自己做错了事，他自己也知道错了，但家长想让他认个错，却比登天还难。如何让孩子明白一些小道理，故事教育法就是比较合适的方法。浅显易懂的故事很符合孩子的实际，孩子每天的成长中都会有故事发生，故事中就会蕴含着一些成长的道理。

【草根实践】

女儿迁迁从三岁开始，变得越来越有自己的主意了。高兴的时候，爸爸妈妈要求她做什么事，她会乖乖地配合一下；如果不高兴，就会对爸爸妈妈的要求置之不理，自己该干什么干什么。如果爸爸妈妈把她说急了，有时候她还会故意做出与大人的愿望相反的事来。爸爸妈妈越让这样做她越不这样做，越不让她这样做，她越这样做。对迁迁越来越古怪的脾气，爸爸妈妈曾经一筹莫展。

为此，妈妈一见到有经验的人就去向人家请教。终于得到了一个妙招：就是将事物拟人化后用讲故事的方式给孩子灌输正确的思想理念。通过实践证明，这种故事教育法，比起生硬地对孩子讲大道理要有效得多。为此，妈妈还总结了几个故事教育法。

对孩子不愿意做的事采用故事诱导法。

迁迁上幼儿园也有一段时间了，从老师那里妈妈大概了解了迁迁在幼儿园的情况。但是妈妈想从迁迁嘴里听到她在幼儿园的情况，这样才能更准确地了解她过得快乐与否。一天，吃过晚饭后，妈妈就问迁迁："幼儿园好不好，小朋友乖不乖？"迁迁眼珠子骨碌碌地转就是不回答。无论妈妈用什么办法，就是无法从迁迁嘴里了解一点她在幼儿园的情况。

一个周末，迁迁随爸爸去动物园游玩回来，兴致勃勃地跟妈妈讲动物园里的所见所闻，看着她讲得眉飞色舞的样子，妈妈灵机一动，自己何不试试用这种讲故事的方式让她把自己一天的所见所闻讲述出来，这样既可以培养她的语言组织能力与思维能力，又可以了解她的表现，岂不是一举两得？主意打定后，妈妈便付诸实践了。

晚上睡觉前，妈妈先是跟她讲故事书里的故事，等她兴趣盎然时就说："我们来讲迁迁今天的故事好不好啊？"迁迁很爽快地答应了。开始，妈妈就讲从老师那里了解的一些情况，讲得很笼统，她开始认真地听，当然中间妈妈会故意问："咦，好像不是这样的吧？"如果妈妈真说错了，迁迁就很积极地纠正过来。接连几天之后，迁迁就不满意故事的大概框架了，就主动加入一些细节。慢慢地，每天在幼儿园的事情基本就都是她自己在讲了，学了什么、吃了什么、小朋友怎么样了，她都会详详细细地复述出来，虽然她的故事没有任何修饰的词语，就是直白的表述，但这对她思维的形成起到了催化剂的作用，而且还简单复习了当天学过的知识。当然，妈妈再也不用从老师那里了解她在幼儿园的表现了，因为，每天的睡前故事，已经让妈妈详细了解了她一天的情况。

对孩子的坏毛病采用故事纠错法。

迁迁有个坏毛病，在和小朋友们玩时喜欢"欺负"人，经常会不知轻重地拍小朋友的手或脸。有一段时间，妈妈每次去幼儿园接她，老师都会对妈妈说，迁迁今天又拍了谁。每次听到老师这么说，妈妈都会很生气，这怎么了得，三岁的小女孩怎么能有如此的暴力倾向呢？于是妈妈问迁迁为什么要拍小朋友的脸，她不吱声，一副逃避问题的表情。妈妈软硬兼施地跟她讲道理，她就很委屈地说自己错了，以后不拍人了。可是第二天，老师还照样告状。妈妈就开始琢磨怎样纠正迁迁的这个坏毛病。后来，每次迁迁跟小朋友在一起时妈妈就仔细观察，发现迁迁并不是在抢玩具或争东西吃时动手拍人，而是在玩得兴奋的时候才会"动手"，不带有任何征服的性质，于是妈妈猜测，迁迁的这种无意识行为，大概是不知道如何表达自己的快乐，所以采用了这种方式来表达。

知道原因，就可以对症下药。有一次迁迁把表哥皓皓弄哭了，妈妈就指着她的小手说："你看你看，小手也哭了，它在说'迁迁，你怎么这么用力啊，你把我都给弄痛了，我还怎么帮你拿玉米吃呀？'"迁迁立刻研究似地看着自己的小手，一脸不安。妈妈问迁迁小手是用来干什么的呀？她说用来抱布娃娃，还用来玩玩具。妈妈就告诉她手是用来玩玩具的，而你用来打哥哥，手会不高兴的，以后就不帮你玩玩具了。迁迁懂事地点头。妈妈看见效了，就继续教育她："以后呀，要轻轻地，喜欢小朋友就轻轻摸一下，你一用力，小手也会痛的。记住了吗？"迁迁自己喃喃自语起来："我的小手是用来玩玩具的，不能用来打人。"慢慢地，迁迁拍人的情况就少了，偶尔犯了，妈妈指着小手告诫她，今天不能怎么样了，因为小手不高兴了。她立刻会对着小手呵气，不停地认错。一段时间后，迁迁拍人的毛病改掉了，迁迁就是在妈妈这种拟人化的故事中，正确认识了自己的错误。

对孩子的不良习惯采用故事说服法。

迁迁有一段时间特别挑食，不吃青菜不吃肉，每天就愿意吃咸菜和大米饭。不管妈妈怎么费尽心思为她换样做给她吃的，她就是不正眼瞧，闭着小嘴倔强地说不吃。妈妈教育她说青菜和肉才有营养啊，不吃怎么能长高长壮呢。迁迁就和妈妈辩解说："吃米饭就可以了，吃了米饭我就能长个了。"妈妈又想到了一个引诱她吃菜的办法。一天吃饭时，妈妈把耳朵凑近她的小肚子："哎呀，米饭在你的小肚里跳舞呢。咦，它好像在说话呢。"迁迁的好奇心被妈妈勾了起来，注意力集中到了自己的肚子上，妈妈故意细声细语地说："青菜青菜，肉肉肉肉，快进来跟我玩呀，我自己一人在小肚子里好孤单啊，你们快进来。"迁迁一听，咦，不得了，米饭孤单了，赶紧给它找朋友啊。妈妈乘胜追击："快，把青菜送进肚子里，还有肉，让它们一起进肚子里做游戏。"迁迁听妈妈这么一说，就麻利地吃了几口菜，然后得意洋洋地抚摸着自己的肚子说："它们在我肚子里跳舞呢。"就这样，迁迁渐渐在这种故事的氛围内不知不觉地吃完了自己的饭菜，妈妈的难题也同时解决了。

【草根智慧】

三四岁的孩子大道理不懂，小道理却是可以理解的。许多时候父母单纯的说教很难起到实质性的效果，一些父母见说教没效果就转而和孩子生气，责骂、训斥甚至打骂孩子，慢慢地孩子对家长就产生了逆反。用讲故事的方法教育孩子，故事寓情于理，孩子却乐于接受，也能理解父母要说的道理，这实在是一个很好的办法。

如何让孩子服从父母的管教，这确实是一个很棘手的问题。但实际上，它在很大程度上取决于父母和孩子的沟通效果。这个问题解决了，孩子才能对父母听其言、信其道。其实，不是孩子不听话，而是父母与孩子沟通的方式方法有问题。

和孩子沟通需要技巧和方法，和孩子沟通需要研究自己孩子的特点，和孩子沟通需要父母蹲下身来与孩子平等交流。如果父母没有一颗童心，总是高高在上，就很难走进孩子的内心世界，也就谈不上真正的沟通，充其量只是说教而已。这就要求父母和孩子沟通时，理解孩子的心理并使用孩子能理解的语言。比如，孩子游戏时，父母与他一起游戏，一起比赛，使孩子觉得父母是他的朋友和伙伴，沟通自然会水到渠成。

沟通和教育应以充分的爱为前提，父爱、母爱对孩子身心健康发展比物质的满足更为重要。如果父母对孩子采取不关心，甚至于拒绝或粗暴地对待孩子的正常需求，就无法与孩子建立良好的沟通渠道，对孩子的教育也必将失败。同时还将会阻碍孩子安全感、自信心及良好情感和品德的发展，不利于孩子的健康成长。

如何让孩子说出自己内心的问题和想法，说出自己一天在外的表现，这很重要。有些父母因为引导不善，孩子就是不愿意和他们多说一句话。"故事教育法"让孩子讲出自己的故事，父母在听孩子故事的过程中，不知不觉地了解了孩子的动态，这比强迫孩子说自己的表现要好很多。这种情况下孩子能积极地主动地去说，积极性被调动了起来。

所以，父母要养成与孩子聊天的习惯，比如，可以在每天的睡前，躺在床上，让孩子说说今天在幼儿园都发生了什么事情，有什么高兴的事儿，有什么不高兴的事儿。孩子的表述过程就是一个很好的概括归纳过程，同时父母也能从孩子的表述中了解到孩子在外的一天里都发生了什么事，对孩子的情况有所了解，也能保证及时了解孩子的心理需求，洞悉孩子的心理变化。

14. 习惯培养教育法
——好习惯是练出来的

英国著名的哲学家培根说："习惯真是一种顽强而巨大的力量，它可以主宰人生。"的确，从某种意义上说，人生的成败是由习惯的好坏所决定的。好的习惯会成就一个人，而坏的习惯则可以摧毁一个人。学习习惯对孩子学习的影响也是如此，好的学习习惯，对孩子有效利用时间、获得优秀成绩，都有非常大的帮助。

【草根实践】

琳琳曾经是"笨小孩"，如今却接到了重点大学的录取通知书。是什么让她高考取得了可喜的成绩呢？琳琳的母亲介绍说，主要得益于她从小养成的脚踏实地、稳打稳扎的学习习惯。

琳琳小时候，琳琳妈妈和天下所有的妈妈一样，梦想她将来能考上名牌大学，可是当琳琳真正上了学，妈妈才发现这个梦想有些虚幻。因为在学习上，琳琳总是比别的小孩慢半拍。当人家的孩子考双百时，琳琳却只得了80分，有时甚至只有70分，偶尔还考60分，老师和琳琳妈妈说，琳琳上课听讲很认真！但不知怎么的成绩就是上不来。琳琳看着自己平平的成绩，心里也很着急，于是，放学回家，总是主动拿起书本先把白天的课程复习一遍，然后才开始做作业。有时候，一道题卡住了，又重新把前面学过的知识查看一遍，常常因为如此，别的孩子一个小时就能完成的作业，琳琳却要花上两三个小时才能做完。

眼看着女儿学习认真，成绩却怎么也上不去，妈妈一时找不到答案。思来想去只能在心里总结说：琳琳天生就是笨。不过妈妈也从另一方面想，笨会用笨工夫，学得更踏实，这比聪明而轻浮的人要好，所以自己要多培养孩子踏实学习的习惯。

期中考试后的一天，琳琳突然和妈妈说："这次考试，我同桌考了95分，比我多了15分！我怎么才能赶上她呀？"妈妈想了想，对琳琳说："别着急，你不是听过龟兔赛跑的故事吗？只要你踏踏实实地去学，把每一个老师讲过的内容都弄懂了，你一定能赶上她的。只要努力，就是赶不上她也没关系。"果然，由于知识学得比较扎实，期末考试时，琳琳的成绩提高了不少。

万事开头难。琳琳上学之初最怕的两件事就是：一写字，二背书。妈妈告诉她一定要把字写好，她打心里想把字写好，可小手偏偏不听使唤，写的字总是歪歪扭扭，她写了擦、擦了写，不知要磨蹭多长时间。不过正是由于她长期坚持将最好的字留在作业本上的习惯，慢慢地她的字练得工整而秀气了，作业本上、卷面上都保持得很干净。

背书对于琳琳来说是一件很困难的事，不知是没有掌握方法，还是太着急，一篇300字左右的文章，放学回家就读就背，妈妈听得都能背下来了，琳琳还是背不熟练。有一天放学回家，琳琳放下书包对妈妈说："老师又要我们背书了！"接着哇的一声大哭起来。妈妈说："你有哭的时间书都背好了。""真的吗？"她擦了擦眼泪就去背了。为了帮助她背书，加强理解记忆，妈妈就给她讲解文章的意思，虽有点效果，但背书对她来说还是很费劲。那时候妈妈真觉得琳琳一点都不聪明，但妈妈从来没有因此责罚过她。妈妈想，既然孩子并没有什么过人的天赋，我们只有让她脚踏实地慢慢地来。妈妈的这种慢慢来的思想，也让琳琳养成了一种韧性学习的习惯，妈妈越不说自己，琳琳越想把学习搞好。

平时的韧性积累和踏实的学习习惯终于开始起作用了，到了初三时，琳琳的学习突飞猛进，中考复习时她竟能几天时间就背一本小册子，各科成绩在班上都名列前茅。她顺利地考入了重点高中。高考时，又以高出重点线50多分的成绩考入了重点大学，在她所读的专业里是报考第一志愿取得最高分的学生。

【草根智慧】

叶圣陶说："什么是教育，简单一句话，就是要养成良好的习惯。"父母的第一责任是教育孩子，而教育孩子的第一位就是培养孩子的好习惯。对孩子来说，培养良好的学习习惯是多方面的。诸如认真写字的习惯、上课专心听讲的习惯、不懂就问的习惯、勤于思考的习惯、爱惜书本等学习用品的习惯，做完作业把书本文具整理好的习惯，等等，良好习惯的养成对孩子的学习以及今后的人生会有着决定性的影响。

有一个孩子在各方面表现都比较出色，常有一些熟人、朋友不解地问孩子的妈妈：也没见你费多大的气力，你的孩子怎么那么优秀？这个妈妈常以戏言作答："你们只看到我们吃肉的时候，而没看到我们养猪的时候。"这位妈妈接着说："我们抓住了教育孩子的最佳时期，孩子上小学前就养成了较好的生活习惯；上小学后又养成了较好的学习习惯；到了中学就开始注重培养学习方法，孩子大了以后就进入了良性循环，所以就没让我们费太多的气力了。"这个妈妈给大家举了一个例子：有一年孩子去外地参加一个全国数学竞赛，在去外地的轮船上，一天晚餐过后，同行的同学们都上甲板观风景去了，没经任何人提示，也没有任何人要求，到了该做功课的时候了，我的孩子独自在船舱里拿出书本，旁若无人地开始学习起来。带队的老师感叹道："这就是习惯！这样的习惯就决定了胜负！"妈妈和大家说："其实，如果在玩的时候，我的孩子是玩得最疯的一个。"

要想让孩子养成良好的学习习惯，必须从一点一滴开始。刚入学的孩子，一切都是"先入为主"的。无论是一种好的习惯，还是坏的习惯，一旦养成，就往往会成为一种"定势"。如果孩子今天抄了别人的作业，大人发现了不注意，那么，他明天就有可能继续这样做。长此下去，就会造成严重的后果。相反，孩子在学习过程中，能追根究底，非问个明白不可。大人看到了及时给予表扬，鼓励他今后坚持这样做，这就有利于孩子勤于思索的良好习惯的养成。所以，做家长的平时要随时留心孩子的学习情况。从写字的一笔一画、读书时的提问思索、作业时的多个办法思考等等入手，鼓励孩子培养这样的好习惯。

当然，为使孩子养成良好的学习习惯，父母的榜样作用也是十分重要的。父母勤奋学习、一丝不苟、专心致志地工作，父母良好的学习习惯、阅读习惯、饮食习惯、行为习惯、睡眠习惯、与人交往的习惯对孩子各种习惯的养成都有着深远的影响。

拿破仑·希尔说："播下一个行动，你将收获一种习惯；播下一种习惯，你将收获一种性格；播下一种性格，你将收获一种命运。"事实表明，习惯左右了成败，习惯改变人的一生。对于成长中的孩子来说，成也习惯，败也习惯。

在运用"习惯培养教育法"时，父母一定要注意纠正孩子的坏习惯，要知道，坏习惯得不到纠正，好习惯就培养不起来，那么，"习惯培养教育法"就成了一句空话。

15. 品质培养教育法
——学习品质决定学习成绩

著名教育家卡尔威特曾经说过这样一句话："对于孩子来说，最重要的是教育而不是天赋，孩子成为天才还是成为庸才，并不取决于天赋，而是决定于出生后到五六岁时的教育。"所谓学习品质，就是指一个人的学习毅力、意志、信心和行为习惯等的总和。学习是一种复杂的综合性劳动。它既要传承、感知历史文化知识，又要在吸纳历史文化知识的基础上创造新知。特别是在科学技术迅猛发展，人类已步入信息化时代的今天，学习品质的培养是一个人学习成功的关键。

【草根实践】

薇薇是某市的高考文科状元。妈妈在总结薇薇的学习成功之路时说，良好的学习品质在薇薇的学习生活中扮演了重要的角色。

对学习品质，薇薇的妈妈有着自己的理解，她说：学习品质包括很多方面，其中又以良好的学习习惯和学习心态最为重要。薇薇妈妈是一名中学老师，对指导孩子如何学习有一定的经验。比如，妈妈要求薇薇做题要回头看，要善于思考，更要善于总结。初中的时候，薇薇对这个问题不是很重视，无论是平时做作业还是大小考试，她都是一遍做下来，即使有多余的时间也从不回头去检查，做完题之后也不去总结,常常等着老师在期中或期末复习时总结一下规律。为此,考试时也吃了不少亏,本来会做的题,常常出现丢分之处,遇到有点难度的题,也常有无从下手之处。后来,在妈妈的指导下,薇薇逐渐体会到做题后进行检查,考试完后进行总结的重要性,并且学习一段时间后就将知识进行梳理一下,并逐渐养成习惯。这样的学习习惯,使得薇薇对学习过的内容思路变得越来越清晰,从而迅速提高解题速度,对学习和考试有很大的帮助。

高中时,妈妈常和薇薇一起研究一些高考状元的经验,妈妈告诉薇薇:每个人都有自己的一套学习方法,而最佳的方法一定是最适合自己的,并且要在学习过程中不断进行修正。薇薇的语文成绩一直不太稳定,高二的几次考试,由于批改较松,语文分数并不低,这让她对语文学习有了一个错误的认识,以为不用花太多功夫就能取得很好的成绩。后来高三的几次考试加大了基础题的难度,她的成绩就下降了,这成为制约薇薇总分提高的瓶颈。薇薇很着急,但妈妈告诉她这时候学习的心态很重要,一定要心态平和一些,不可忙乱,要静下心来学习。妈妈建议薇薇准备一个笔记本,将一些容易出错的字、注音、成语等记下来,空闲时间经常翻阅。薇薇照着做了,没想到仅几个月,就见了成效,高考时语文取得了很好的成绩。薇薇认为良好的心态对她学习成绩的提高起到了很重要的作用。

高考分数揭晓后,有人曾问薇薇妈妈孩子取得好成绩的秘诀,薇薇妈妈毫不犹豫地说:"成功 = 努力 + 心态,成功重在培养孩子的学习品质,没有良好的学习品质,就很难让孩子取得成功。"

【草根智慧】

培养良好的学习品质,绝非一朝一夕之功,绝无一劳永逸之举,也难有立竿见影之效。人人都有惰性,人人都怕困难,人人的思想都时刻受外界的影响,并且时刻都在变化。因而,如何有效地培养孩子良好的学习品质,关键在于措施,要方法得当。比如,培养孩子良好的行为习惯就是培养孩子学习品质的一个重要方面。学习品质影响学习成绩，人格品质更影响一个人的成长。

清朝红顶商人胡雪岩小时候因为家中生活困难，八岁的时候，就开始替人家放牛。

有一天，他和一些小伙伴在野外放牛，他们把牛拴在一个地方，就一起玩了起来。玩着玩着，有一个小孩一不小心掉进了山沟里，其他孩子见了，都惊慌失色地撒腿跑回了家。只有胡雪岩留了下来，沉着冷静地想办法，他顺着那个孩子掉下去的地方慢慢摸索着走下去，把那个孩子拉了上来，并将他扶上牛背送回了家。乡邻们知道这件事后都对他称赞不已，夸他遇事冷静、机灵、勇敢、为人善良。

孩童时代的胡雪岩就具有了他人所不及的高尚品德，成年后他又逐渐成为了一个德才兼备的商人。良好的品德是胡雪岩才能施展的基础，它对胡雪岩的发展起到了非常重要的作用，正如胡雪岩所总结的那样："一个人小时候是看品德，不是看才干。"

中国有句俗语说："三岁看大，六岁看老"。意思是说，看一个人，三岁的时候，大概就能够看出他长大以后是什么样子；到了六岁的时候，就可以想象他老了以后是什么德行。这句话不一定全对。几岁的孩子，我们看不出有什么本事，看不出将来有什么才能。但是，我们能看出这个孩子的品德怎么样，这样的品德可能会影响孩子的一生。

孩子有个好品质，在以后的人生道路上就会顺畅很多。今天的社会，许多时候不是看一个人有多大的本事，有多大的才干，而是看重一个人的德行——一个人的品德基础好，才能是可以不断学习的；一个人的品德败坏，才能越高反而让旁边的人感到越害怕，因为这样的人更容易做坏事。

培养孩子的品格，不仅要有坚定的决心，细致的观察，还要有耐心的引导，长期的渗透。杜甫诗云："随风潜入夜，润物细无声"，如果每位家长都把培养孩子的品质当做一门艺术来精心研究，相信就一定会有很大的收获。

16. 吃苦教育法
——没有人能随随便便成功

现在大多数家庭都只有一个孩子，溺爱的教育方式很普遍。一些家长更多的是关心该怎么做、该做什么才能尽可能满足孩子的要求，所以，孩子没有受一点苦和累，长此以往，孩子对家庭的依赖程度日益增加，独立生存和思考的能力也就会越来越弱，走向社会后抗挫折能力不强，成为优胜劣汰竞争下的牺牲品。所以，要让孩子吃点苦，让孩子体会到成功不是随随便便就会得到的。

【草根实践】

当很多孩子还在被窝里不愿意起床时，7岁的晓强就起床帮助妈妈做早饭了；当别的孩子坐着家长的车上学时，晓强已经举着火把走在上学的山路上了；当别的孩子在逛公园时，晓强却已经帮妈妈到地里干农活了；当别的孩子买名牌衣服吃补品时，晓强却要用60元钱来维持读高中时一个月的生活费；当别人快进入梦乡时，他还在挑灯苦读……十年寒窗，晓强终于成为村子里和家族中有史以来的第一个大学生。

晓强的家在偏远的农村，由于父母身体不好，几乎没有劳动能力，所以晓强家很贫穷。妈妈是个有些文化的人，从小妈妈就教育晓强，我们家很穷，但人穷志不能穷，苦是人吃的，一定要坚持上学，读好书才能帮助爸爸妈妈改变家里的贫穷状况。

妈妈还告诉晓强："不管家里多穷，只要你自己认真读书，砸锅卖铁也供你读书。"这句话一直鼓励着晓强，从小学开始，晓强就刻苦学习，成绩一直名列前茅，家里的墙壁上贴满了他得的奖状。

因为知道家里穷，晓强过得很苦，但也很要强。村里读书的小孩比较少,也没有学校,上小学就要到离家4公里远的地方。7岁大的晓强每天6点就起床,要帮助妈妈做饭,吃完早饭后邀上同伴去上学。夏天还好,冬天天亮得晚,晓强就需打着火把走1个多小时的山路去上学。初中时到学校有公交车了,但是晓强为了每天节省2元钱的路费,他还是坚持走山路。

晓强读高一那年,妈妈因病做手术,本来已贫穷不堪的家庭又背上了5000元的债务。看着村里同龄的孩子都辍学打工去了,想到家里这些债务,晓强也有点动摇,一心想早点给家里减轻负担。这时,妈妈告诉晓强,要他放下思想包袱,好好读书,用考上大学来报答父母。妈妈的话让晓强又坚定了信心。因为学校在县城,离家很远,晓强不得不住校,但是晓强总是吃最便宜的饭菜,每个月坚持就用60元的生活费。他想为爸爸妈妈节省一点钱。但晓强在学习上却非常努力,总是争分夺秒地学习,功夫不负有心人,晓强终于考取了理想的大学。

晓强上了大学后,凭着自己吃苦耐劳、不懈努力的精神,第一年就获得5000元国家级励志奖学金,还获得了5000元其他的奖学金。他把这些钱一部分汇给了家里,让妈妈还了债务。一部分帮助了几个困难的同学。晓强不但努力学习,还积极参加学校组织的社会活动,还入了党,做了学生会的部长。回想自己走过的路,晓强说,是妈妈的吃苦教育,让自己学会了吃苦,使自己不怕苦不怕累,肯努力;是妈妈让自己懂得了要珍惜身边每一个机会,哪怕别人认为是一棵稻草,自己也会把它当做一棵树去把握。

【草根智慧】

孩子不愿吃苦,拒绝吃苦,并非是孩子的过错,而是父母没有重视从小培养孩子自立能力和吃苦精神的结果。19世纪俄国著名作家屠格涅夫说:"你想成为幸福的人吗?那么首先要学会吃苦。能吃苦的人,一切的不幸都可以忍受,天下没有跳不出的困境。"所以为了给孩子一个幸福的人生，父母是不能心疼孩子吃苦的。

年轻的妈妈牵着刚刚会走路的儿子的小手到公园的广场玩，要上有十几个阶梯的台阶了，小男孩却挣脱开妈妈的手，他要自己爬上去。他手脚并用往上爬，他的妈妈也没有抱他上去的意思。当爬上两个台阶时，他就感到台阶很高，回头瞅一眼妈妈，妈妈也没有伸手去扶他，只是眼睛里充满了慈爱和鼓励。小男孩又抬头向上瞅了瞅，他放弃了让妈妈抱的想法，还是手脚并用小心地向上爬。他爬得很吃力，小屁股高高抬起，小脸蛋也累得通红，小手也脏乎乎的，但他最终还是爬了上去。年轻的妈妈这才上前拍了拍儿子身上的土，在那通红的小脸蛋上亲了一口。

这个小男孩在成年后吃了很多苦，遭受了一次又一次的挫折和失败，但是他一直没有放弃自己的追求，一次又一次地去尝试，一直在做着自己生活的主宰。他就是美国第16届总统林肯。

每个家长心里都明白，每个人面前都会有泥泞的小路，弯弯曲曲，一个人要一辈子不受点苦是不可能的，孩子也需要有承受苦难的能力，可有些家长就是舍不得让孩子吃苦。

其实，给孩子适当吃些"苦头"未必是件坏事，让孩子吃点苦，更能使孩子懂得遇到困境要坚强、独立地生存下去，毕竟生活对每个人来说都不是一帆风顺的，想在顺境中享受就必须先学会在逆境中成长。从小就经常给孩子吃些挫折之药，孩子慢慢就会产生耐药性、抗药性。到孩子步入社会时，他的生活能力、工作能力、社交能力、抗挫折能力等都会很强。

当然，在运用"吃苦教育法"时不可过分，如果家庭条件不允许，孩子就得从苦中来，这另当别论。因为大多数家庭条件都不错，所以教育孩子吃苦，给孩子设置的"苦"，应该是孩子努努力就可以承受的，与孩子能力不相匹配的"苦"是不可取的。

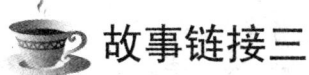 **故事链接三**

苦难是最可贵的磨炼
——"美国股神"沃伦·巴菲特的故事

一个美国的大学生,他被父母要求利用节假日的时间到父亲开办的工厂打工来偿还他们为供他上学而支付的费用。在厂里他需要跟其他工人一样严格执行工厂的制度,上下班排队打卡,以所做的工件数量、质量及上下班打卡记录来结算工资,甚至他还曾因迟到了两分钟而被扣除了当月的一半奖金。

年轻人大学毕业后,本以为可以进入父亲的公司,帮助父亲做些管理工作。可是父亲不仅不让他管理公司,反而对他更加苛刻。这让他大为不解,以父亲公司现有的业务发展来看情况应该很好,而且家里经济状况也不错,还经常给社会捐钱,可是为什么父亲就在他身上舍不得花一分钱呢?他开始怀疑自己不是父亲亲生的,于是气愤之下,他决定离开这个家独自去外边闯荡。对于他的决定,父亲并没有阻拦。

他打定主意要去做生意,但没有本钱,需要到银行去贷款,他想让父亲做他的担保人,可就连这个请求父亲都拒绝了。没有贷到款,做生意的计划只得搁浅,而改去另一家公司打工。可因为打工的公司人际关系复杂,他又被排挤出来。失业后,他用打工积累的、仅有的一点资金开了家小店,他努力经营,小店的生意慢慢好起来,接着他又开了家小公司,小公司在他手里逐渐成长为大公司。

可是,不幸的是公司倒闭了,他的努力全部付之东流。他曾痛恨过命运对自己的不公和父亲的绝情。他甚至想过轻生,但是他又不甘心,最后他振作起来准备从头再来。这时父亲却出人意料地来到了他的身边,让他接管自己的公司。父亲对满腹狐疑的他说:"孩子,你虽跟几年前一样,依然没有金钱,但你拥有了一段可贵的经历,这段经历对你来说是一场苦难的磨炼，然而它却是可贵的。"

果然，他没有辜负父亲对自己的殷切期望，将父亲的公司发展成了一家全球瞩目的大公司。他就是伯克希尔公司总裁、有着"美国股神"之称的沃伦·巴菲特。

智慧启迪

对于一个孩子来说，小时候看的是品质，不是看能力。成长过程中多经历些苦难和磨炼是培养孩子良好的意志和品质的关键。

第4章　目标教育，给孩子前进的方向

车尔尼雪夫斯基说："没有目标，哪来的劲头？"人活着不能没有目标。目标既是前进的方向，又是行为的动力。家庭教育也是一样，给孩子一个目标，一个通过他的努力可以实现的目标，孩子就有了前进的方向和动力。

17. 目标教育法
——引导孩子向既定目标前进

目标决定方向，这是再简单不过的道理。但有多少孩子能有个明确的学习目标呢？有调查数据显示，70%以上的孩子学习目标不明确。这一点许多家长都有切身的体会。问一问我们身边的孩子们他们学习的目标是什么？将来要做什么？要怎样规划自己的人生？他们会一脸茫然地回答：不知道！没想过！我爸我妈让学什么就学什么，让干什么我就干什么，等等。没有目标，孩子就在被动地学习着，成长着。

【草根实践】

获得英国剑桥大学硕士学位的张慧，从小就有明确志向，立下了考上清华大学的目标。

张慧从小就聪明伶俐，4岁的时候20以内的加减法就都会了，左邻右舍都夸她是个聪明的孩子，将来一定能考上清华北大。小张慧并不知道清华北大是什么概念，只知道这是表扬的话，但清华北大的名字却深深地印在了她幼小的心灵里！

上五年级的时候，邻居家有一个哥哥考上了清华大学，附近的爷爷、奶奶、叔叔、阿姨都对那位哥哥赞不绝口，村里面贴了祝贺的大红条幅，好多哥哥、姐姐们都对他投去了羡慕和赞许的目光。那一刻，张慧知道了"清华大学"在人们心目中的份量有多重。爸爸妈妈也借此机会，对她进行目标教育，给她讲清华大学的历史，给她讲在清华大学读过书的名人，告诉她努力的目标就是清华大学。张慧也在心里默默地想：自己将来要是能够考上清华大学，那该有多好呀！从这以后，张慧学习就更加努力了。

上初中一年级的时候，张慧的爸爸去北京出差。为了给女儿树立人生的目标，他专门去了一趟清华大学，为女儿带回了一枚清华大学纪念章和一本介绍清华大学历史的书，他激励女儿说："小慧，人生难得几回搏，考上清华，就是你人生的第一个成功。"妈妈也鼓励她说："你既聪明又好学，将来肯定有希望！"受到鼓励的张慧进一步了解了清华大学的情况后，便在内心立下了这样的志向：一定要考上清华大学。她还认真地在爸爸送给他的"清华大学"校史的图书扉页上，写下了这样的一句话：努力、努力、再努力！向清华进军，一定要成功！

初三的寒假，正赶上爸爸去北京出差。为了让女儿亲眼看见自己立志要考的学校——清华大学，爸爸特意带上了张慧。爸爸领着张慧在清华大学的校园里参观，让她感受这所最高学府的文化气息。这次行动对张慧的触动更大，她要考上清华的志向更加坚定了。她在潜意识里崇拜着清华，向往着清华，一直为此而努力。

有了目标就有了前进的动力。张慧从此更加勤奋，学习十分主动，从不让老师和父母督促。每当学习取得好成绩，得到老师和同学表扬时，她总在心里说："这算什么，离考上清华还相差很远呢。"她从不怠懈，更不自满，因为她心中有一个远大、明确的目标。

进入高中后，张慧的学习成绩有一段时间出现了滑坡，为此，她认真地向成绩好的同学请教，并结合自己的实际，重新制订了自己的学习计划。经过自己一段时间的努力，学习成绩提高很快。

到了高三时，张慧的学习成绩已在全校名列前茅，最终以优异的成绩顺利地考入了清华大学。清华大学毕业后又顺利地进入英国剑桥大学攻读硕士学位。

【草根智慧】

古人说，"取法乎上，仅得其中；取法乎中，仅得其下；取乎其下，则无所得矣"，就是告诉我们目标的重要性。

物质生活的丰富,使得今天的孩子在家不愁吃穿,一些孩子除了追求吃穿游戏以外,无明确的人生目标和生活追求,因此父母引导孩子树立一个正确的人生观和清晰的成长目标,让孩子有一个人生的大目标,就显得尤为重要。

孩子早期的成长教育全靠父母,在谈到为孩子树立目标时,有些父母会说"孩子得是那样的才行",实际上这是错误的观点,孩子的潜能是无限的,关键是做父母的如何去调教孩子。现实生活中,我们有许多父母不能帮助孩子树立一个符合孩子实际的,使孩子为之奋斗的目标,也不知道如何帮助和鼓励孩子为实现这个目标而努力,只是让孩子被动地学习、被动地成长。一些父母只知道督促孩子学习,但不会调动孩子学习的积极性和主动性,不是进行物质刺激,就是方法不得当,再就是听天由命,随孩子去了,结果可想而知。

运用"目标教育法",关键是父母平时要多用心研究一下我们的孩子,多了解一下我们的孩子,给孩子树立一个他感兴趣的目标,孩子在成长的道路上也许会做得更好。我们知道,孩子们对于自己感兴趣的东西,往往花费许多时间和精力在上面都不觉得疲劳。有的孩子,生来就喜欢唱歌、跳舞,那就鼓励他成为一名表演家;有的孩子,从张嘴说话开始就口齿伶俐,那就引导他成为一位演说家;有的孩子就喜欢一些小发明小设计,那就鼓励他成为发明家、设计师;有的孩子就喜欢小昆虫小动物,那就鼓励他成为昆虫学家、动物学家……孩子成功的路有许多,父母帮孩子确立一个他感兴趣并且比较擅长的目标,即使不能使孩子成名成家,也能让孩子拥有一技之长。

让孩子坚信自己能够实现既定目标。只要努力去做,就一定会有收获,而且最终结果也许会远远超过原目标,出乎我们的意料。

18. 小目标教育法
——给孩子成就感

一个人在人生的不同阶段有不同的目标，每一阶段目标的实现就意味着上了一个新的台阶。给孩子一个适当的目标，给孩子提出一个符合孩子实际的要求，让孩子跳一跳够得着，让孩子有成就感，孩子就会更加为自己的目标而努力。

【草根实践】

琪琪从学会走路开始，就对音乐舞蹈比较敏感，只要音乐一响起，她就会很有节奏地跳起自编的舞蹈来。爸爸妈妈都认为女儿天资聪明，节奏感好，形体又特具舞蹈条件，将来在舞蹈方面一定会有所成。于是在琪琪5岁的时候，妈妈就把女儿送进了舞蹈班。

刚开始的时候，琪琪比较新鲜，表现还可以，但是过一段时间后，妈妈发现每次课后琪琪不如别的孩子掌握得好。妈妈认为琪琪可能是练习得太少了，多练习一定能赶上甚至超过别的小朋友。于是回家后，妈妈就督促琪琪多练习，尽管琪琪不是太情愿，但是在妈妈的连哄带逼下练习起来，就这样坚持了两年。

渐渐地，妈妈发现女儿对舞蹈失去了兴趣，每次上课都无精打采的，课后不仅不练习，还对练舞蹈表现得很烦躁。妈妈看在眼里急在心上，决定就练跳舞这件事和孩子好好谈谈。

当妈妈拉着琪琪的手坐下来说这件事时，琪琪的眼睛躲闪着不敢看妈妈，也不说话。妈妈开始意识到家庭教育出错了。妈妈尽量使自己平静地说："琪琪，我想知道你对跳舞这件事的想法，一定要说心里话。"琪琪怯怯地说："我说实话，你可别生气！"妈妈的心一下就凉了，故作平静面带微笑地说："不会的，只要是心里话。"琪琪抬起头看着妈妈说："我不想再跳了，我累！"妈妈轻轻地拍拍琪琪说："我尊重你的选择，但你一定要自己想好，因为你一旦不跳了，以后再想捡起来会更疼更累！"琪琪点点头笑了。

在琪琪放弃学舞蹈后，爸爸又给琪琪报了奥数辅导班，觉得这样对以后学习数学很有帮助。可琪琪根本就不感兴趣，学习了两个月，一点进步也没有，陪读的妈妈问琪琪为什么上课一点儿精神都没有，琪琪说，奥数题比课本上的难多了，想得头疼，也学不明白。妈妈征求琪琪的意见后就果断给她停了课。

有朋友告诫妈妈这样不严格要求孩子，哪个都不坚持，这种习惯不好，将来她什么也学不好。可妈妈还是觉得对琪琪的要求应该少一点，给孩子一个感兴趣的目标，给孩子一些自由的时间，让孩子做点自己想做的事情。

妈妈和琪琪坐下来商量琪琪学习目标的问题，因为琪琪热爱阅读和写作，妈妈就和琪琪商量把阅读和写作作为她小学阶段的目标，一定要在市里作文大赛中获三等奖以上的奖项。琪琪一听很高兴，还主动提出要到作文班学习。其他的课外学习没有了，琪琪的自由时间多了，精力也旺盛了，慢慢地在学校的学习成绩也由中等变为优等。没事时，琪琪就读书，阅读和写作初见成效，语文成绩在班上上升到前几名。六年级时，作文还获得了省里作文大赛的一等奖，大大地超出了妈妈的预期。小学毕业时，被推荐到重点中学上学。

为此，妈妈深有体会，对孩子的要求少一点，目标小一点，按照孩子的天性来给孩子设立目标，这样能取到意想不到的效果！

【草根智慧】

心理学上有这样一个规律：期望值越高，失望值越大；反之，期望值适宜，才会令人产生很强的满足感。这个规律用在家庭教育方面也同样合适。如果父母对孩子的期望值很高，那么即使孩子取得了一定的成绩，父母往往也看不到，而且永远都不会对孩子所取得的成绩产生满足感，并且很容易就会对孩子失望。因此，如果父母能够把期望值放低点，那么自己心里会舒服很多，更会惊喜地发现，自己的孩子竟然这样优秀。当父母把更多的鼓励和表扬以及信任传达给孩子时，孩子才能向着更优秀的方向努力和发展。

目标低一点、要求少一点，给孩子享受成功的机会就多一点。

今天，许多才六七岁的孩子，刚读小学一年级，从早上7点到晚上9点甚至更长的时间都在被安排的学习中度过。家长呢，每天像打仗一样，忙完工作已很累了，还得领着孩子学习什么钢琴、舞蹈、奥数、作文、书法之类的兴趣课。家长们整天疲于奔命，身累不说，更要命的是常常要忍着心里的怒火，但还是免不了要对孩子发脾气，斥责孩子，吼孩子。为此，孩子痛苦难过，做作业时因为不专心、动作慢等挨训哭一场，弹琴没兴趣乱弹被骂哭一顿，孩子觉得学习真是一件十分痛苦的事情。在如此的指责与呵斥下，再聪明的孩子也会变得笨起来。所以，家长不要太功利，要从孩子的实际出发，找到孩子感兴趣的事情，和孩子一起为孩子确定稍加努力就能达到的目标。比如，一些孩子行为习惯差，但要想一夜之间让孩子脱胎换骨是不科学的，也是不可能的。孩子做作业时好动，不能静下心来，今天做一小时作业起来走动了四次，我们给他制定目标，明天变成三次，孩子做到了，这就是自控力的一点成功，这就是一个目标的实现；学习有困难的孩子，今天拼音错了五个，我们给他制定目标，明天允许错四个，实现了，这就是一点进步。家长就应该给孩子鼓励，小目标会给孩子创造更多成功的机会，给孩子带来成功的喜悦，让孩子感受到成功的快乐，增强学习的兴趣。

帮孩子确定学习目标时，一定要先看看孩子的现状和他的潜能，尤其有些孩子目前成绩不是很理想，我们可以帮孩子制定一个分阶段的学习目标。这个目标要以他现在的成绩为基点。假如他这次只考了50分，那么，家长最好不要期望他一下子可以考到80分或90分。当然，这样的奇迹也可能会发生，但不论怎样，我们的期望值不妨低一点，比如说孩子下次及格了，我们就可以奖励了。这样对于孩子的压力小一点，孩子学习能够轻松一点，只要孩子每天都在进步，我们就应该相信，孩子总会成功的。

当然，我们说给孩子制订小目标，并不是不让家长给孩子树立长远的大目标，要知道大目标和小目标是不相冲突的，小目标包含在大目标之下，一个个小目标的实现，才能累积成大目标的实现。

19.动力教育法
——调动孩子内心深处的欲望

就学习来说，有的孩子，父母在旁边监督时，才勉强学习一会，父母离开一会儿，没人督促了，就把书本撇开，玩其他的了；有的孩子，不管父母在不在旁边，都能主动学习，甚至抓紧一切时间学习。同样是孩子，为什么学习态度有如此大的区别呢？很重要的一个原因是：是否明白了学习是为谁而学，是否有学习的动力。

【草根实践】

刘凯终于拿到了大学录取通知书，而且还是重点大学，爸爸在内心里既高兴也很自豪。两年前，也就是刘凯读高一的时候，他还是一个学习懒懒散散，对什么都没有兴趣的孩子。成绩在班里一直处于下等，别说重点大学，就是一般大学也摸不到边。父母很着急，思想工作做了不少，大道理他也全懂，就是提不起学习热情。父亲很失望，逢人便说："我在单位当领导，经常给别人做思想工作，为什么就说服不了自己的儿子呢？他每天上学，起床要我喊好几遍，书包也要我来整理，如此下去，走出社会后，不知道能不能自己养活自己。"正在父亲一筹莫展之际，转机来了。

比刘凯大三岁的表哥两年前就去了美国留学，这次回家探亲。两年不见，变化真是很大，见人很有礼貌，还能讲一口流利的英语。爸爸把刘凯的表哥找来，让他帮助自己做刘凯的工作。爸爸把刘凯目前的情况和刘凯的表哥进行了分析，并一起制订了一个给刘凯学习动力的教育方法。晚上刘凯放学回来，见了表哥很惊喜，两个人在一起热火朝天地聊了起来。表哥给他描绘了许许多多的国外风情，讲述了国外经济是如何的发达，环境是如何的好，也讲了自己一边学习一边打工的丰富多彩的经历。刘凯听完后，表现出了极大的兴趣。他对在一旁陪他们的父亲说："高中毕业后，我也要去国外学习。"父亲正在等刘凯说这句话，所以马上接过他的话说："好啊，可是你怎么去呀，你英语水平那么差，上课什么也听不懂，恐怕出门问个厕所也做不到！"表哥在旁边说："现在学好基础知识是必需的，英语过关也是起码的要求，否则你怎么生活呢？我们在国外全靠自己谋求生存，没人能真正帮助你。要在国外站稳脚跟，就要学习、学习、再学习，因为我们每个人都知道，学习是为了自己。"

就这么一句"学习是为了自己"，深深地烙在了刘凯的心中。刘凯的学习动力来了，从此以后，刘凯完全变了，学习变得主动了，早上也不用父母催着起床了，而且还天天练习英语口语，背英语单词。一年下来，各科成绩就有了一定程度的提高，尤其是英语，已经跃居到班里的前几名了。他还时时提醒自己，我一定要学好英语，我要努力，我要出国！

正是有了学习的动力，刘凯冲刺了两年，高考时取得了好成绩。下一步，他正在为自己出国深造做准备。

【草根智慧】

动力教育法中的"动"即心动，行动，主动；"力"即努力，控制力，耐力。内心深处有一种强烈的冲动和欲望，才能落实在行动中，才能主动去做，不能什么事情总是让人催促和监督，被动去做。

从另一方面说，不管自己的能力大小，对什么事情都尽力去做，不三天打渔两天晒网，耐心去做，持久去做，坚持到底，就会有所收获。

许多孩子学习总是被动地学，总是让家长或老师管着学，对自己的学习认识不足，总认为自己的学习是给老师或家长学的。做了学习的奴隶，这样往往觉得学习很累，结果是学习效果不好，对学习更加没有兴趣。这里的关键是孩子没有真正明白学习是为了什么。

许多父母一直逼着孩子们学习，常和孩子表达"这一切都是为了你好"这样的思想。但是因为方法不当，孩子并不理解，孩子只知道学习累，家长烦，并没有看到为自己带来了什么"好处"。孩子小的时候，不知道学习的重要性，一直埋怨父母，想多玩一会儿，想多睡一会儿。等大一点了，不良习惯养成了，想改不好改了。一些孩子长大了参加工作了，看到昔日一起学习的同学坐在宽敞明亮的办公室里，风吹不着、雨淋不着，还拿着高薪，而自己风吹日晒，四处打小工，站在马路边等活，还挣不到多少钱时，才知道为自己当初没有多学一点知识没有好好学习而后悔。

运用"动力教育法"的关键是让孩子真正认识到学习是自己的事。学习的真正目的，就是为了让自己能够用学到手的知识与本领为自己赢得一个人生舞台，在服务社会的同时，为自己创造高品质的幸福生活。一些孩子不能领会这些理论，父母可以直观一些，给他们讲一些学习可以改变命运的生动故事，带他们去拜访拜访成功人士，甚至可以带他们去名牌大学走走。那高楼深院中的学术氛围很容易打动人心，要告诉自己的孩子，这儿是迈向成功的阶梯，而走向这个阶梯只有靠自己。让一些成功的孩子给自己的孩子讲如何看待学习以及学习的目的。引导孩子树立学习是为自己的意识，达到主动学习的目的。

20. 责任教育法
——让孩子承担起责任

每个人都有应该承担的责任，父母有父母的责任，孩子也有孩子的责任。我们关心、教育、培养孩子，为孩子承担责任，目的就是为了让孩子将来能够承担起他自己必须承担的责任，承担起对自己、对家庭、对他人、对社会的责任。父母可以为孩子承担一时的责任，但无法承担孩子一生中的一切责任。所以，我们不能因为孩子小，就用自己的爱心替代孩子的责任，帮助孩子去承担他的责任。

【草根实践】

乐乐要过6岁生日了，除了一个小蛋糕外，乐乐一直梦想要一个遥控小汽车，于是妈妈就答应乐乐买一辆小汽车作为生日礼物。

生日那天，妈妈买好了礼物，来到幼儿园，准备接在操场上玩耍的乐乐回家。乐乐看到妈妈，很是兴奋，起身就朝妈妈的方向跑来，一不小心将旁边小朋友手中的变形金刚撞到地下，那个小朋友见玩具摔坏了，马上就呜呜地哭起来，乐乐闯了祸，怯怯地望着妈妈，然后低下了头。

"妈妈知道你是不小心碰的，但小朋友的玩具坏了，他很难过，你应该好好安慰他，送他件礼物作为补偿，这样他就不会哭了。"妈妈看看手里的遥控小汽车，问乐乐："就用你生日的礼物做补偿，行吧？"

乐乐看着妈妈拿出小汽车，噘着嘴说："不行，妈妈，这是我的生日礼物呀！"显然乐乐极不愿意。"你看，你要是不把小朋友的玩具弄坏，他就不会哭。你弄坏了别人的东西，你就有责任赔偿别人。这是你自己应负的责任。你先把你的小汽车赔给他，下次你要是表现好得了小红旗，妈妈可以再给你买一个。"听妈妈这么说，乐乐点点头，但还是依依不舍地看着妈妈将小汽车赔给了小朋友。

回家的路上，乐乐在一家玩具店门前看到了汽车玩具，他停了下来，嘴里没说什么，但眼睛直盯盯地看着，妈妈有点心软，想立刻去买一个，但是妈妈还是忍住了。妈妈想，孩子犯错误了，虽然是不小心的，但是也要让他承担自己的责任。如果我给他买了，他还能记得自己曾经犯下的错误吗？一个人若不曾为自己的错误付出代价，他又怎样成长呢？到那时，他又该如何去担负那一份独属于自己的责任呢？既然如此，就让乐乐"一人做事，一人当"吧。于是，妈妈狠下心来，拉着儿子的手朝家的方向走去。边走妈妈又边把这个道理和乐乐讲，虽然，乐乐没有全听懂，但对自己做错了事自己要负责任的观点，从此在他的脑海中留下了深深的印象。

对年仅6岁的乐乐来说，这是他第一次感受到生活的教训。妈妈相信，这个教训，将会使他日后更好地承担起自己的责任来。

【草根智慧】

有位11岁的美国男孩儿踢足球时不小心踢碎了邻居的玻璃，邻居找到他让他索赔。闯了大祸的男孩向父亲认错后，父亲让他对自己的过失负责。儿子为难地说："可我没钱赔人家。"父亲帮他付了玻璃钱，但却告诉他说："这些钱我先借给你，不过一年后你要还我。"从此，这个男孩给人家送报和送牛奶，帮助人家修剪花草，想办法挣钱。经过半年的努力，他终于挣足了那些钱，还给了父亲。这位男孩就是后来成为美国总统的里根。他在回忆这件事时说，通过自己的劳动来承担过失，使他懂得了什么叫责任。

这是一个让孩子学会承担责任的经典故事。

一个男孩大学毕业后，一年的时间内换了6家单位，最后只好回家待着。原因很简单，用他自己的话说："干吗让我干这个干那个，呼来唤去的，干不好还批评我。"这个男孩的心里，根本就没有工作是一种责任的意识。在他的脑海里工作就是自由自在，自己想干什么就干什么。

　　国家经济发展了，家庭条件好，生活水平提高了，这是好事。很多家长认为，现在条件好了，应该对孩子宠爱点，但一些家长过度关注孩子生活，使许多孩子走上社会后，自我意识膨胀，一切以自我为中心，认为别人就该满足自己的需要。对什么是责任，什么是自己应该承担的责任根本没有概念。利于自己的就行，得到自己想得到的就行，不在乎什么是责任什么是义务。长期在这种教育方式下长大的孩子，容易出现心理障碍，心理年龄也很幼稚。

　　是否有责任心，是衡量一个人是不是现代人的重要标准。因此，从小培养孩子的责任心，是培养孩子健康人格的基本内容之一，其中，特别要注意的是对孩子过错的处理。

　　孩子在成长过程中做错事，出现过失是难免的，关键是做错事出现过失后如何正确对待。父母不应该觉得自己什么都行，自己是孩子的父母就应该责无旁贷地为孩子承担责任。要知道，我们替孩子做得越多、照顾得越周到，就会使孩子长期生活在逃避自我责任的环境中，使孩子变得自私、冷淡，对家庭、社会缺乏责任感。这样是不利于孩子成长及将来发展的，我们需要做的是让孩子知道做错事出现过失是自己的责任，而且必须为自己的过错付出代价，这样的代价是很有价值的，是能让孩子终身受益的，是利于孩子将来发展的。

　　当然，孩子的责任感是需要父母一点点培养的。父母在培养孩子的责任感时可以从小处做起，例如，孩子借别人的东西，要让孩子按时归还；说过的话要负责任；损坏别人的东西要给予赔偿；自己错了时要勇于认错……要让孩子知道，一个人有责任感，有承担责任的勇气，将来在社会上才能扮演好自己的角色。

21. 五步教育法
——学习要一步一个台阶地走

五步教育法，实际上都是家长在教育孩子过程中很常见的教育方法，只是有一些家长没有很好地处理孩子在学习和成长过程中的一些问题。教育孩子本身是件大事，但教育孩子的具体内容却都是从小事开始的。一步一个脚印，一步一个台阶地为孩子做些事，对孩子的教育才能更加有成效，更加成功。

【草根实践】

15岁的林宇今年本该参加中考。但是去年，他跳级读了高一。今年，他参加一所重点大学的选拔考试，取得很好的成绩，并通过该校的自主招生考试，拿到了该大学的录取通知书，成为该校今年高考年龄最小的考生。有人问林宇的妈妈，林宇如何能在短短两年内完成初三加整个高中三年的学业？又如何在众多考生中脱颖而出考入重点大学的？细细回想他成长的过程，妈妈觉得，家庭五步教育法让林宇获益匪浅。

第一步，从实物中感知知识。这个办法可以很好地引发孩子丰富的联想。开始的时候，林宇对数字并不敏感，四岁的时候，也就能数到数字10。后来爸爸妈妈改变了教育方法，让孩子在生活中用实物学习数字，比如看日历，辨别门牌号，数台阶，等等。久而久之，林宇不仅能很轻松地数到100，而且对数字也有了更深的理解。一次，爸爸送林宇去幼儿园，看到幼儿园门口摆着五只沙袋，其中两只是红的，爸爸就教林宇理解，红色的沙袋占了所有沙袋的2/5是什么意思；晚上妈妈切水果时，林宇立刻喊了起来："妈妈切了1/2，再切一刀就是1/4……"就这样，小小年纪的林宇就明白了简单的分数原理。

第二步，不搪塞孩子的问题。林宇最大的特点是喜欢向爸爸妈妈提问题，他有许多稀奇古怪的问题，如果得不到合理的解释，他就会一直追着问。爸爸和妈妈虽然都是大学毕业，可林宇的许多问题有时候他们也无法解答，但爸爸妈妈一直鼓励林宇提问，然后和他一起交流，一起查找资料，寻找答案，做到不搪塞孩子的每一个问题。这也养成了孩子认真对待每一个问题的习惯。

第三步，培养孩子的兴趣爱好。只要林宇的爱好是健康的，爸爸妈妈都会支持他。有段时间，林宇对动物学和植物学很感兴趣，爸爸就专门给他买了几本这方面的书，让他没事就读。寒暑假，林宇除了完成假期作业、看些课外书籍，每天下午的时光，都交给了他喜爱的乒乓球和足球。爸爸妈妈也不多阻拦他，而是支持他的兴趣。

第四步，先孩子一步做知识积累。"为什么光能让我们看见东西？""为什么太阳都从一个地方升起？""什么是宇宙大爆炸？""电视中的人为什么会飞？"林宇小时候非常喜欢看科幻动画片，看完之后，他总是带着一堆"问号"来找爸爸妈妈。而爸爸妈妈总是先孩子一步进行大量的知识积累，如林宇在看科幻动画片前，爸爸妈妈一般先对这部动画片做一些了解，上网查找一些相关的资料，以便回答孩子的提问。孩子提问题，说明他在思考，这个时候爸爸妈妈绝不泼冷水，而是保护他的积极性，这养成了林宇非常愿意思考的习惯。

第五步，多引导忌打骂。在林宇成长过程中，爸爸妈妈非常注意林宇的生活习惯，不让他沾染上网瘾、厌学等不良习气。对于别的孩子上网玩游戏，爸爸妈妈都对他进行引导，允许他上网学习，和同学聊聊天，等等，但不允许玩游戏。爸爸妈妈从来不打骂林宇，有错误时进行批评引导，许多时候还和林宇嘻嘻哈哈的，林宇觉得父母很有亲和力，但遇到讲原则、讲道理的时候，爸爸妈妈的态度也很严肃，保证了林宇能有一个好习惯、好作风，提高了林宇的自控能力。

【草根智慧】

其实,这"五步教育法"中提到的问题,也是绝大多数家庭在儿童教育过程中遇到的问题。

比如说,就"决不搪塞孩子的问题"这一步来说,这里就有很多学问。

首先是家长要对孩子的问题有一个正确的态度,尽量给孩子一个满意的答案,其次是家长要有针对性地先孩子一步去学习,积累更多的知识。这样在孩子问我们时,我们才能回答得出来。很多孩子都问过爸爸妈妈自己是怎么来的,许多父母不知怎么回答孩子,有的父母往往用"拣来的","别人家给的"或"等你长大就懂了"等等说法搪塞过去,这都会限制孩子思维的发展,甚至误导孩子。这时家长应把自己放到和孩子一样的位置,与孩子一起收集资料寻找答案,引导孩子正确地进行思维,并培养良好的提出问题、思考问题、解决问题的习惯。

好学好问是每个孩子的天性,孩子对周围的事物都感到新鲜有趣,上至云电风雨、日月星辰,下至海洋生物、河流山川、花鸟虫鱼,他们什么都想知道并且认为家长什么都知道。于是从会说话起,就不管家长有事没事,总是缠着提些稀奇古怪或被家长看来根本就不值一提的问题。因为孩子不明白,所以才问这么多为什么。因为好奇,孩子才想去学习知识、探索未知的领域,因此,满足孩子的好奇心,就是激励孩子去学习新知识,就是满足他们的求知欲望。孩子想知道更多的为什么,这正是家长教育孩子探索未知、鼓励孩子学习的好机会。所以,我们做家长的,不能因为自己解答不了孩子的问题,就对孩子不耐烦,这是扼杀孩子求知欲望的行为。所以我们千万不要厌烦,更不能训斥,否则会使孩子胆怯,不敢再问,阻碍他们的思维发展,影响他们的个性和交往能力。

再比如说,孩子接触网络的问题。今天,我们处于网络时代,孩子很小就开始接触电脑,让孩子远离网络,不接触网络游戏也不现实,关键是要加以引导。父母可以和孩子一起上网,让孩子体会到电脑的主要功能是工具,不是玩具;网络是资源库,不是游乐园。引导孩子正常上网,正确地使用网络。

"五步教育法"是很值得借鉴的教育方法,把这些方法不时地应用到孩子的成长过程中,对孩子的教育就会更有成效。

 故事链接四

脑袋里只有一根筋
——世界上最伟大的骑师埃迪·阿卡罗的故事

埃迪·阿卡罗上小学的时候又矮又瘦,学习又不好,同学们都瞧不起他,所以他不愿意在学校待着,总是逃学去附近的赛马场,因为那里有个驯马师允许他骑马玩。

后来,他喜欢上了赛马,央求父亲让他去学赛马。父亲看他在学习上也没什么前途,就勉强同意了,但父亲心里很清楚,他成功的可能性非常渺茫。学了一段时间后,那位驯马师告诉他父亲:"把孩子送回学校吧,就目前的情况来看,他成不了骑师。"

除了阿卡罗自己外没有人对他抱以希望。阿卡罗却抱定决心不但要成为骑师,而且要成为世界上最伟大的骑师。

所以,他坚持不懈地努力争取着。终于,他得到了参加一场真正的赛马比赛的机会,这个机会对他来说难能可贵,可是比赛还没结束,他的马鞭和帽子却都掉了,连他自己也差点从马鞍上掉下来。他被其他选手远远地落到了最后。

因为这次比赛成绩太糟糕了,此后,好长时间,阿卡罗都没有再找到参加比赛的机会。当然,阿卡罗也决不肯半途而废,他在顽强地坚持着。他的决心、坚持和固执打动了一位马主,马主在这个不走运的骑师身上看到了一种难以名状的东西,也许是潜力或是意志。所以

他坚定不移地支持阿卡罗，给了他机会。

埃迪·阿卡罗终于有机会上阵了，但人们只要看他骑5分钟的马，就会发现他太笨拙了。在他先前参加的近百场比赛中，不是在起点就被落在后面，就是深陷重围无法冲到前面，再就是磕磕绊绊地出事故。因此他从未有过一点获胜的机会，但是这些都没有动摇他要成为世界上最伟大的骑师的梦想。

在那惨淡而漫长的岁月里，因为没有成绩，他始终生活困苦，四处漂泊，也几乎没有朋友。他多次死里逃生，摔断几根骨头，遭受马蹄的践踏，他那瘦弱的身子接受着一次次致命的考验，而每次他都能重整旗鼓回到马鞍上。转机终于在他的不懈追求下出现了，阿卡罗开始一个接一个地取得胜利，失败再不是他的专利，他告别了那些黯淡无光的日子。

埃迪·阿卡罗的梦想终于变成了现实，在其30年的赛马生涯中，他共赢得了4779场比赛，成为历史上唯一在肯塔基赛马会上五次获胜的骑师。

智慧启迪

按着我们既定的目标一步步走下去，哪怕我们是再"笨"的人，我们也会成功的！关键是我们要相信自己。

第5章　兴趣教育，调动孩子的积极性

　　日本教育家木村久一说："天才，就是强烈的兴趣和顽强的入迷。"中国古代教育家孔子说："知之者不如好之者，好之者不如乐之者。"兴趣是取得成功的法宝，兴趣是攻破堡垒的武器，兴趣是学习的动力。有了兴趣，学习、做事才是主动的、积极的、热烈的。

22. 细心教育法
——细心发现孩子的长处

家长在与孩子的朝夕相处中要细心观察，发现孩子的长处。正如富兰克林所说："宝贝放错了地方便是废物。"孩子小时，我们问孩子长大了想做什么的时候，孩子们都会有各自的梦想：科学家、文学家、歌星、总统……但是随着年龄的增长，这些儿时的梦想会像美丽的肥皂泡一样破灭了。看看周围的人，能实现儿时的梦想的，实在是寥寥无几。经营孩子的人生，实际上是经营孩子的长处，因为长处才能给孩子的人生增值，经营孩子的短处会使孩子的人生贬值。

【草根实践】

刘冬曾是省十佳少年，三次参加省青少年科技创新大赛，分别获得过两次一等奖和一次二等奖，他的书画作品也曾多次在国内外获过大奖，在市里组织的中学生演讲大赛中获得过一等奖。他的妈妈在介绍他成长的经历时说："细心教育法"对刘冬的成长起到了很重要的作用。

刘冬一岁多的时候，妈妈给他讲图画书上的故事时的一次偶然发现，让妈妈成了一位善于观察的细心妈妈。妈妈给刘冬讲故事时，发现他总喜欢让妈妈的手指放在图画下面的文字上，如果妈妈指着字给他念故事，他会很安静，如果把手撤下来他就不愿意，硬把妈妈的手拽到字下面。这个发现让妈妈有些惊奇。妈妈想，难道这孩子对文字感兴趣？于是妈妈便积极引导刘冬的兴趣，从逐个指字讲故事开始了刘冬的早期识字教育，让妈妈没有想到的是，不长时间刘冬就认识了60多个汉字了，六岁的时候刘冬就能自己读报纸了。

后来，妈妈发现刘冬喜欢看历史题材的电视剧，如《康熙大帝》，他一遍又一遍地看。于是妈妈就引导他读少年版《资治通鉴》、《史记》、《上下五千年》等历史书籍。妈妈没有叫他简单地看完就完事，而且每看完几个故事，妈妈就让他给爸爸妈妈讲讲这些故事。讲完后，妈妈总是给他鼓励，这也调动了他读书的积极性。读书、讲故事，不仅增加了他的见识，而且也锻炼了他的口头表达能力，为他后来演讲比赛的成功奠定了基础。

  刘冬从小就喜欢自己动手鼓捣点什么，四五岁的时候，家里的小电器和玩具，不管好坏，都要先拆了，然后重新组装，妈妈发现他喜好做这件事，就及时保护刘冬的兴趣。妈妈更是想办法从亲戚或同事那里收集一些淘汰了的小电器，放在他的小"实验室"，随便他怎么折腾。刚开始的时候，大部分被他拆完勉强复原后，基本成了废品。随着年龄的增长和经验的增多，一些东西拆完后再复原，也不影响使用了。甚至有的本来是坏的，被他一拆一合，居然还修好了。八岁的时候，有一天，刘冬兴冲冲地从他的"实验室"跑出来，激动地冲妈妈喊着："妈妈，妈妈，快来看我的收音机。"妈妈跟他进屋一看，原来是他组装了一个收音机，而且不但有声音还能调台。当时，刘冬脸上写满了自豪，对于一个八岁的孩子来说，这无异于是一次伟大的成功。妈妈也和他一起享受这成功的快乐，使得刘冬不但收获了知识，更重要的是收获了那份自信。

  从此，刘冬对科技制作就更有兴趣了，终于在省里的科技制作创新大赛获得大奖。刘冬很有信心，他自己的理想是做"中国的爱迪生"。

【草根智慧】

  每个孩子都是独特的，每个孩子都有自己的个性，每个孩子都有自己的长处，每个孩子都有自己的闪光点。最应该发现孩子的个性、长处、闪光点的就应该是父母。这就看我们的父母在培养和教育孩子时是不是用心，能不能细心。

一位外国母亲发现孩子不到一岁时，就对音乐非常敏感，一听到优美的音乐时就手舞足蹈。发现孩子的兴趣萌芽后，这位明智的母亲每天都有目的地选择一些名曲播放给孩子听，过了一段时间后，母亲发现孩子对音乐的兴趣更浓了，听到音乐后能根据不同的节奏去打拍子。于是，这位母亲一直坚持对孩子音乐兴趣的培养，有意识地进行训练，这个孩子长大后成为一名出色的音乐工作者。

今天，许多家长不能按孩子的兴趣来培养孩子，而是家长自己喜欢什么就误认为孩子也喜欢什么，甚至硬让孩子去喜欢什么，或者看别人培养孩子什么，就让孩子去学什么。照搬别人的办法，把人家孩子的兴趣当成自己孩子的兴趣。这样培养的结果是孩子自己的兴趣被泯灭了，别人的兴趣没有成为孩子的兴趣，使得孩子对什么都没有了兴趣。

一个小男孩非常喜欢观察各种虫子，经常偷偷地把各种各样的虫子拿到自己的屋子里来，但每次都遭到爸爸妈妈的批评，也多次因为他在野外观察虫子而被爸爸妈妈责骂。一次，他看到一个虫子把蜗牛吃掉，他觉得很奇怪，便把这个虫子放进一个瓶子里拿到家中，并兴奋地告诉爸爸他发现了一种能吃掉蜗牛的虫子。爸爸见他又把虫子拿到家里来，夺过他手里的瓶子扔到屋外，并狠狠地训了他，警告他，再发现他玩虫子，把虫子拿回家就要狠狠揍他一顿。从此，小男孩不敢再玩虫子了。一位老师知道了这件事，很惋惜地说：小男孩的爸爸很可能让一个未来的昆虫学家消失了。

所以，做一个细心的父母，发现孩子的兴趣并加以培养很重要。

运用"细心教育法"关键是父母在与孩子的朝夕相处中要用心营造温馨、健康的环境，细心交流，用心观察，及时发现孩子的特点、优点、长处、爱好等，对孩子进行正确的引导，给予孩子大力的支持。

管教孩子，该粗心时粗心，该细心时细心，掌握好这个度，是管教孩子的艺术。粗心是指对孩子的管教是粗放式的，该孩子做的事情就放心让孩子去做，不该管的事情就别管；这里的细心，更多的是指细心地发现孩子的兴趣和长处，细心地了解孩子的内心世界，使得我们对孩子的教育有的放矢，发掘孩子的潜能，让孩子获得更大的成功。

23. 扬长避短教育法
——让长处更长短处更短

天才都曾是孩子，每个孩子都可能成为天才。这种可能的实现，取决于父母能不能像对待天才那样的去爱护、期望、珍惜我们的孩子。父母能不能清楚自己孩子的长处，根据孩子的长处确定孩子的发展方向。孩子能不能知道自己的长处是什么，自己的短处是什么，知不知道自己应该向哪个方向上发展才能更有作为。

【草根实践】

璇璇这个父母和亲人眼里的笨小孩，终于一飞冲天，实现了自己去美国哈佛大学读博士的梦想。知道这件事的许多人都说璇璇一定是个高智商的天才，璇璇父母一定有一套不同寻常的教育"秘籍"。也有人说璇璇也可能只是个"擅长"读书的书呆子。璇璇妈妈告诉那些来取经的人说，璇璇其实是个笨孩子，在培养璇璇成才的过程中"扬长避短教育法"起到了很重要的作用。

璇璇小时候行动迟缓，不爱说话，对身边发生的一些事也不敏感，显得有点笨拙。家里有一次来客人了，爸爸妈妈让正在玩玩具的璇璇与客人打招呼，璇璇却没什么反应，只是望了客人一眼，接着在角落里慢腾腾地玩自己的玩具。

上学后，璇璇的"笨"让爸爸妈妈发愁。因为"笨"，璇璇八岁才上一年级，但还是连10以内的加减法都算不出来，因为在幼儿园她根本没学会。有次妈妈问她："3＋3等于几？"她抬起头望着妈妈胡乱在回答"等于5"。妈妈说不对，她就说"等于8"，这让妈妈一个劲地摇头叹息。为了让她能正确地算出来，妈妈给她做了10根小木棍捆成一捆，让她带着去上学，遇到不会算的题就用小木棍数。后来小璇璇终于可以脱离小木棍算算术了，成绩也一点点好起来，但和其他孩子比也没有表现出突出的地方。

一年级下半年的一天，璇璇班里要组织讲演活动，老师要求每一名同学都要做准备，争取都能参加。璇璇回到家里，跟爸爸妈妈说自己想试一下，爸爸妈妈觉得这是一个锻炼璇璇的好机会，于是就帮助她准备了一个很简单的讲稿，每天爸爸领着她练习，一字一句地背下来。

讲演那天，小璇璇在台上讲得有声有色，赢得了阵阵热烈的掌声，同时也得到了老师的表扬。这让爸爸妈妈看到了璇璇的优点：她虽然反应不太灵敏，但做事专注、记忆力好。爸爸妈妈决定扬长避短，让璇璇笨鸟先飞，用"肯定"的方法增强其自信，开发其智力。

从此，一有时间，爸爸妈妈就给璇璇出点题，璇璇每次都很慢，但写答案时却一丝不苟，准确无误。于是，爸爸妈妈立刻避开她的"慢"，表扬她做题的准确率以及她写字如何工整。由于总能受到肯定，璇璇的学习也越来越开心了。就连一家三口在马路上散步，爸爸妈妈也会给璇璇在马路上写几个题，锻炼她算数的能力，这样璇璇的算数能力一点点提高了。

后来，爸爸妈妈又发现，璇璇的手很巧，手工做得很好。她能给玩具娃娃织小毛衣、小毛裤，还会用一些小物品做小人。爸爸妈妈对她的手工总是大加赞赏，还把她的手工作品收藏起来，有人到家里做客，就拿出来给人家看，这也调动了璇璇多动手的积极性。

不聪明的璇璇凭着自己扎实的学习劲头，一步一个脚印地往前走，学习成绩稳步上升。高考时，她凭着自己的真功夫，考上了北京大学，而后，璇璇又凭着自己执著的劲头考进了美国哈佛大学读博士。这个笨小孩就这样在父母的"扬长避短法"的教育下，在巧妙的表扬声中一步步走向了成功!

【草根智慧】

今天的社会竞争体现在方方面面,在孩子的教育上应该说竞争更激烈。许多父母虚荣心很强,盲目与别人攀比,别人学什么,自己的孩子就学什么,社会上流行什么,就一窝蜂让孩子去做什么。自己过去想做的事情没做成,就希望自己的孩子去实现,满足自己的"补偿心理",盲目地去培养和塑造孩子,有的时候往往是孩子不喜欢的事情硬逼着孩子做,孩子想做的事情,家长又觉得没用,不让孩子做。不仅孩子痛苦,父母"期望"的目标没有实现也非常痛苦。孩子学得累,家长跟着更累。

著名翻译家傅雷曾说过:"天生吾人,才之大小不一,方向各殊;长于理工者未必长于文史,反之亦然;选择不当,遗憾一生。"傅雷是一位严慈的父亲,他为中国培养出第一位获得国际声誉的钢琴家——傅聪。傅雷也是通过细心的观察才发现儿子傅聪的音乐天赋的。

本来,傅聪小时候,爸爸傅雷是让他学画画的,但傅聪在学画时心不在焉,那些习作几乎都是乱笔涂鸦,丝毫看不出来有美术天赋。可是,傅聪的一些细微爱好则引起了傅雷的注意。傅雷发现傅聪很喜欢家里的那架老式的手摇留声机,每当留声机在放音乐唱片时,傅聪总是一动不动地靠在它旁边静静地倾听,而每当此时小男孩那固有的调皮好动的天性立即一扫而光。傅雷觉得傅聪应该对音乐更有兴趣,于是傅雷果断地让7岁半的傅聪放弃学画而改学钢琴,果然,傅聪仅学了几个月,就取得了很大进步。傅雷最终认定,自己确实发现了傅聪的音乐天赋。

每个孩子都有他自己的长处和短处,做父母的不要强求孩子各方面都能发展得很好。事实上,一个人也不可能什么都行!所以,明智的父母应该从孩子的长远发展着想,了解孩子的长处和短处,扬长避短地指导和教育孩子的发展。发扬孩子的长处,会使孩子长处更长,避开孩子的短处,会使短处慢慢消失。这样才能让孩子在成功的路上走得更远一些。

家长在运用"扬长避短教育法"时最重要的是父母的观念问题，不要跟风，别的孩子做什么我们的孩子也做什么。正如教育家叶圣陶对自己的孩子所要求的那样，不一定非要读大学，只要我们的孩子把自己的长处发挥到极致，那就会是了不起的成功。

24. 大自然教育法
——让孩子享受大自然的乐趣

美丽无比的大自然才是教育孩子最丰富、最全面的教科书。大自然的山川河流、鸟语花香，使孩子感到亲切和美好，自然界中可爱的小动物，耸立云天的大树，绿意葱葱的小草，开阔了孩子的视野，丰富了孩子的知识。在大自然中，孩子们学会了分析、比较各种事物，找出事物之间的关系，从而使他们的智慧得到启迪和发展。

【草根实践】

诗人任寰，7岁写诗，9岁发表作品，10岁出版第一本诗文集，12岁加入河北省作家协会，18岁考入北京大学中文系。多次获国际、国内文学奖。

在任寰小的时候，爸爸妈妈给她讲童话、说故事、朗读诗歌、看画，这是启发她想象力的一个好方法。在给任寰讲故事的时候，也像德国大诗人歌德母亲那样，讲到最有趣的地方，停止讲述，让她自己动脑去想象故事的结局。

更为重要的，爸爸妈妈依靠大自然来培养任寰想象力，让她到大自然的怀抱，到广阔的天地去见识，去积累想象素材。

5岁的时候，因为爸爸工作需要，小任寰跟爸爸走了一年，去了很多地方，当时只是形势所迫，出于偶然。但这一年对小任寰的影响是巨大的。

任寰从7岁学诗，爸爸妈妈发现她的艺术想象力很丰富，这和她童年丰富的生活经历大有关系。爸爸妈妈带她去过许多地方：哈尔滨、北京、郑州、开封，还去过吉林的油田。她见过美丽的松花江、太阳岛，见过清澈如镜的白洋淀、汹涌奔流的古老的黄河；她认识了草原的花朵，喜爱上了各种昆虫，她热爱丰富多彩的大自然。

任寰本来好奇心强，求知欲旺盛，父亲很好地利用了孩子这一天性，经常带领任寰到大自然中去，让任寰在尽情的玩耍之中，观察万物的悄然变化。去看春天的绿芽、夏日的鲜花、秋季的果实、寒冬的落叶，去听蝉鸣鸟唱。

任寰上小学二年级时，父亲有意识地培养她观察描写大自然。上小学三年级时，又教她注意观察人物、观察人的心理，进而观察思考社会和人生。

引导孩子走向社会，走向大自然，接触生活，观察世界，扩大眼界，鼓励孩子遇事多问几个为什么，启发孩子多思考问题，这为任寰后来的成功起到了非常积极的作用。

【草根智慧】

许多爸爸、妈妈在孩子两三岁时，就将孩子关在家里，急切地想教孩子认字、识数、学琴、学画，希望现在的学习能为孩子将来打下基础。但他们却忽略了孩子活泼好动的天性，忽略了人类离不开大自然的天性。这样做常常适得其反，使孩子对学习产生了厌烦情绪。

一个妈妈在孩子三四岁时，差不多每个休息日都会安排时间带孩子外出，不是去自然博物馆，就是去公园，甚至去建筑工地或农贸市场。冬天，妈妈和孩子一起打雪仗、堆雪人；春天，她们一起去踏青；夏天，她们一起去玩水；秋天，她们一起收集树叶做书签。那时，孩子和妈妈最爱一起玩的游戏就是给树叶找妈妈。大自然激发了孩子对各种事物的极大兴趣，充分满足了孩子的好奇心，孩子像一块干燥的海绵拼命吸吮着自然界的各种信息，孩子所知道的自然知识比其他小朋友要多得多，这使孩子在和小朋友的接触中充满了自信。后来，孩子迷上了绘画，辅导老师说他有很好的注意力和观察力。

　　帮助孩子成长有非常多的途径，带孩子走进大自然，在自然的天地之间，在和孩子的玩耍之间，教孩子学会观察，学会适应，掌握新知，建立自信，是最受孩子欢迎和最有效的方法之一。孩子们不仅用智慧而且用心灵去感知周围的世界，孩子们通过照料小动物，丰富了同情心；亲自浇灌花草，培养了热爱劳动的品德；孩子们还会把自己在大自然中获得的经验和思考说出来，于是他们的语言能力发展了；他们要把大自然再现出来，进而又发展了表现感受和思想的美术和音乐。孩子们在大自然中，学会了自然科学知识，陶冶了情操，培养了美感，他们的身心得到了全面的发展。

　　所以，父母要多带孩子走出家门到大自然中去，培养孩子的情趣，陶冶孩子的身心，唤起孩子的创造力和对美好生活的向往，使孩子能快乐学习，快乐成长。

25. 把兴趣点挖成井教育法
——把孩子的兴趣做大

　　兴趣是最好的动力，学习也好，做其他事情也好，都是一样，有兴趣，喜欢做，就能主动去做，就能够做好。对于孩子来说，学习确实是乏味的事情，学习紧张，压力大，一天除了学习还是学习，可以说许多孩子都已经学麻木了。在这种情况下，怎样才能培养起孩子学习的兴趣是家长应该下一番工夫的。抓住孩子的兴趣，把孩子的每一个兴趣点尽可能地放大，不失为一个调动孩子学习积极性的好办法。

【草根实践】

在北京大学读书的陈凯知识面比较广，在许多方面比一般同学了解的要多。这些都源于他的爸爸有一套比较特殊的教育孩子的方法，即把孩子的每一个兴趣点挖成井教育法。

陈凯的爸爸是一个教育工作者，在教学过程中认识到孩子的兴趣对孩子的学习影响很大，所以，从陈凯稍稍懂事时起，爸爸就注意观察和培养陈凯的各种兴趣。

陈凯上幼儿园时，一天爸爸接他回家，在路上他要零花钱。爸爸问他要零花钱干什么？他说："买零食。"爸爸又随口问了一句："商店里都有什么零食"没想到陈凯立即答道："雪糕、汽水、话梅、棒棒糖、饼干、薯片……"一口气竟说出二十多种。爸爸有点惊奇，接着又问："你最喜欢吃什么？"陈凯又说："我现在最想吃的是那个一块钱一支的雪糕，因为我比较热，想凉快一下。"这件事引起了爸爸的思考，他想：如就零食的种类、名称、价钱乃至口感而言，儿子要是弄得比较透彻的话，那儿子的知识面就相当宽了。从此，爸爸经常注意关注陈凯的兴趣，并设法拓展、深挖他的兴趣点。

上小学后，爸爸发现儿子喜欢吃鱼，于是上街买鱼时，就把陈凯带在身边，让他观察和挑选鱼池中的鱼：灵活机警的鲫鱼，头大体粗的胖头鱼，还有悠闲自在的鲢鱼，永远卧在鱼池底下的鲶鱼……陈凯很高兴。陈凯由吃鱼，到养鱼、钓鱼、做鱼，看有关鱼的杂志，慢慢地对鱼类的知识有了更全面深刻的理解。至于博物馆中那些有关鱼类的陈列，更是看了不知多少次。陈凯还时不时地说："这条说明，要我写的话，我会这么写……"俨然一个鱼类专家的口气。

进入初中后，受同学们的影响，陈凯又爱上了足球。爸爸对此也很鼓励，不仅给他买了一个足球，还特意订了一份《足球杂志》，有机会还给他买一些足球纪念品。为此花了不少钱，但爸爸认为值得。

因为通过足球，陈凯又学到了许多知识。比如说，欧洲许多足球队都是以地名命名的，如利物浦队、曼联队等。这些地方，陈凯全都在网络上一一查过，在什么地方都一清二楚。如果让他去硬背，未必能记住。又比如说，足球明星在国外属于高收入人群，陈凯经常说某某球星每年挣多少英镑，某某俱乐部一年广告收入是多少，这些有关经济生活的知识，不知不觉就了解了。

到了高中阶段，陈凯又迷上了欧美现代音乐。爸爸又给予大力支持，花钱买了随身听，并陪同陈凯一起"淘"了许多CD。这一爱好不仅使陈凯学到了一些音乐知识，还了解了许多当代欧美的社会历史。什么时候流行什么音乐，大多是有其社会历史根源的，陈凯对此已能说出个一二三来。爸爸觉得，音乐总是要传达一些人生的观念和思想，陈凯从中也受到许多启迪，有时说起话来，也显得很有哲理。

爸爸这样总结，如果说孩子的兴趣是个土坑，那么，家长就应帮助孩子把这一个个不规则的、深浅不一的土坑挖成井。孩子有了许多口"井"，那么他的知识之泉就会越来越旺，成绩自然也会节节升高。

正是因为陈凯兴趣多，知识面广，高中分科时选择了文科，因为平时的积累，学习起来才如鱼得水，基本不费什么劲，成绩却一直名列前茅，顺理成章地考上了名牌大学。

【草根智慧】

联合国教科文组织曾就孩子的兴趣问题进行过专门的调查，而调查的结果表明：有相当一部分的孩子对学习没兴趣。看来，孩子不喜欢学习是一个世界性的问题，不是我们中国独有的问题，也不单单是某一个孩子的问题。那么，究竟是什么原因使孩子对学习不感兴趣呢？就我们今天的孩子来说，原因是多方面的。就家庭来说，应该有两方面的主要原因：

一是家庭内部的原因。由于经济的发展，许多家庭富裕起来。经济好的家庭，极易让孩子产生优越感，使孩子失去学习的动力。孩子认为家里要什么有什么，爸爸妈妈把自己这辈和自己下一辈用的钱都挣出来了，自己没必要再去受苦受累学一些枯燥的知识，学不学习对自己没有用了。相反，一些家庭因各种原因经济状况不好，让孩子从小就得帮助父母分担一些力所能及的家务活，而学习对于孩子来说，反而成了不是必需的、紧迫的了。还有一种家庭，父母长期忙于工作和事业，无暇顾及孩子，把孩子交给祖辈带、保姆带、老师带，长期与孩子缺乏沟通，孩子极易产生"谁都不管我，那么，我学习又为了什么？"从而失去对学习的兴趣。更有一些家庭经常闹矛盾，使得孩子无心学习。也有的家庭学习环境非常不好，父母经常在家进行麻将大战或召集亲朋吃喝玩乐，影响孩子的学习。长此以往，孩子只会觉得学习没有意思。

　　二是家长个人的原因。今天的父母，应该说个人的素质、文化程度都有了很大的提高，对孩子的学习也都非常重视，给孩子的学习压力也比较大，让孩子天天忙于学习，除了课本知识外，还有各种兴趣、技能要孩子去学。孩子感觉学习压力大，学习太累，父母还总是不满意，所以就产生了厌学的情绪。也有的父母攀比心理比较重，对自己孩子的成绩总是不满足，这很容易使孩子产生一种错觉，父母总说自己不如别人，总对自己的学习不满意，那干脆不学好了。有一部分孩子是由爷爷奶奶或者外公外婆带大的，隔辈人对孩子的教育大多是"纵容"，不太管孩子的学习。久而久之，也会使孩子对学习没了兴趣。

　　所以，要调动孩子的学习兴趣，关键在父母。发现和培养孩子的兴趣，把孩子的每一个兴趣点挖成井，在孩子的每一个兴趣点上做足文章，这样，孩子的学习的动力之泉才能源源不断。

26. 兴趣角教育法
——把家变成学习的乐园

有的家长把家当做旅馆,家成为一个能够遮风挡雨、吃饭睡觉、尽情放松的处所;有的家长把家当做娱乐馆,家成为一个可以喝酒聊天、交友玩乐、纵情享受的处所;有的家长把家当做赌馆,家成了便利打麻将、赌博的处所……有的家长把家变成学习的乐园,和孩子一起在这个乐园中一起学习成长。

【草根实践】

玲玲以最高分考上了本市的一所重点高中,邻居、亲属都说她将来一定会进入名牌大学。爸爸在总结玲玲学习成功的秘诀时说,这得益于我们的兴趣角教育法。

玲玲每天的学习生活都过得很充实,在学校学习文化知识,放学回到家又会进入另一个知识的海洋。因为家里有三个"角":"读书角"、"生物角"和"音乐角"。

第一个是"读书角"。玲玲的房间,既是卧室,又是书房。爸爸妈妈为她买来了各种各样的书籍,摆满了书架。什么《十万个为什么》、《少年自然百科辞典》、《格林童话》、《世界寓言选》、《爱的故事》,等等,玲玲学习之余,爸爸妈妈就鼓励她读这些书,玲玲也是越读越爱读。这些书不仅开启玲玲追求真善美的幼小心灵,同时培养了玲玲的文学修养,激发了玲玲攀登科学高峰的激情……玲玲的许多课余时间都是在"读书角"中度过的。爸爸还特意为她准备了一个小书橱,玲玲按自己的意愿把图书分类,她有自己心目中理想的"小人世界"。玲玲在作文《心爱的小书橱》中写道:"我家是个书的世界,我从小遨游于书的海洋。这里有平静的湖光水色，也有惊心动魄的冲天大浪；这里有大人们熟悉的风土人情，更多的却是我喜欢的孩子读物。趣闻、故事使我懂得怎样去观察世界万花筒，怎样用小小的心灵去体贴伙伴，宽慰爸爸、妈妈、爷爷、奶奶、外公和外婆……""读书角"不仅向玲玲敞开了知识的大门，而且把玲玲引向崇高的精神境界。"读书角"也成为玲玲奋发求知的"动力角"。

第二个是"生物角"。玲玲对生物常常表现出一种特别的兴趣。对"生物角"的探索使她在书本中学到的生物知识"活"了起来。为了让玲玲了解植物，爸爸在家里养了很多种花草，这些花花草草引起了她对植物世界的神往，休息时她就帮助爸爸侍弄这些花草。对于每一样花草的生长情况、特性等知识，爸爸不懂的就引导玲玲找资料，这也进一步激发玲玲探寻生物奥秘的欲望。家里不仅养花花草草，还养过好几种鱼，爸爸让玲玲观察鱼游动时的体态变化，同时给她讲解鱼在水中呼吸的原理；养过乌龟，爸爸让她观察看起来迟钝的乌龟在紧急情况下是怎样灵敏反应的；养过蚕，爸爸让她观察蚕是怎样吃桑叶的，茧蛹如何破茧，蚕的生命全过程有哪些主要阶段，让她理解"春蚕到死丝方尽"的意义。为了让玲玲了解小动物，爸爸给她要来一只小猫，由于小猫刚离开猫妈妈，又来到了一个陌生的环境，所以很害怕，躲在衣柜下面不肯出来。玲玲用手去捉小猫，想不到温顺的小猫竟失去常态，见谁咬谁，表现得异常粗鲁，这也使玲玲儿进一步认识到小动物为了保护自己的生命往往会做出一系列应急反应。玲玲灵机一动，从邻居家抱来了一只老猫，这只老猫虽然不是小猫的妈妈，但老猫一叫，小猫就跟着叫了起来，慢慢地，小猫就自己从衣柜下钻出来，但还是有点害怕，不太敢靠近老猫，直到确实感觉到没有危险时，才放松地与老猫"玩了起来"。玲玲由于对小猫有了深入的了解，才在后来描写小猫的作文中写得细致入微。"生物角"提高了玲玲观察能力和描写能力，也培养了玲玲热爱自然，热爱生命的情感。

第三个是"音乐角"。童年时代是学习音乐知识和增强音乐欣赏能力的黄金时期，家长应该让孩子多接触音乐，根据爱好学习乐器。在玲玲很小的时候，爸爸就买了很多音乐碟，每天都在家里播放一会儿，还买了很多音乐玩具。让玲玲在听音乐，玩音乐玩具的过程中，不知不觉喜欢上了音乐。在玲玲读学前班的时候，爸爸根据玲玲的实际情况，给她报了一个小提琴学习班。每周六的下午，玲玲学一个半小时的琴，每天放学回家，玲玲都坚持练习半小时，每当悦耳的琴声响起，玲玲总是显得特别兴奋。练琴是艰苦的，几年下来，培养了玲玲的吃苦精神。爸爸喜欢吹笛子，有时间爸爸就和她一起合奏一首。快乐的音乐，也融洽了亲子关系。玲玲在音乐方面似乎也表现出一种特有的灵气。刚学琴半年，她就参加社区举办的家庭才艺大奖赛，登台进行小提琴独奏表演了。后来，在市里举办的青少年才艺比赛中，玲玲获得了少年组二等奖。在"音乐角"里，还有手风琴、笛子，吉他等乐器。玲玲学过手风琴，笛子则是爸爸经常为她伴奏的乐器。现在，玲玲不仅坚持练琴，还喜欢唱歌。在独唱方面也几次获奖。"音乐角"陶冶了玲玲的情操，也进一步激励她求知的欲望。

【草根智慧】

"健康、聪明；诚实、认真；勇敢、自信；宽容、快乐；兴趣广泛、爱劳动。你可以不出众，不可以没个性；可以不优秀，不可以没快乐。不要很听话，但要懂事理。不要会很多，但要悟性高。不怕你不学，就怕想学学不会。不怕你疯玩，就怕不敢玩不会玩。你可以保持沉默，不可以没有思想；不要你成为人才，但要成为一个真正的人。"这是一个很有思想的家长对孩子的教育观念。大的原则给孩子了，其他任孩子自由发挥。

宽松和谐的家庭气氛，加上"读书角"、"生物角"和"音乐角"这三角为玲玲的成长奠定了很好的基础。父母适当引导加上自由成长的理念使得玲玲学到了很多知识。所以，玲玲不但学习成绩优秀，在其他许多方面也表现出她的能力。

那么家长在运用"兴趣角教育法"，把家变成学习的乐园时需要注意些什么问题呢？

一是给孩子一个学习氛围。要想让孩子学习，家长首先要学习，要想让孩子读书，家长首先要读书。即使家长再不愿意看书，为了给孩子营造一个学习氛围，在孩子学习的时候，也最好耐着性子拿本书读一读，只要不把书本拿倒。因此，家长们最好关上电视、电脑，撤掉麻将桌，给孩子营造一个愉悦的学习氛围，不要再让孩子有一种感觉：爸爸妈妈在家可以享受，我在家只能受罪。为了让孩子有一个好的学习氛围，家里可订一些报纸、杂志，并经常全家人一起阅读。每个人根据自己的水平和需要去阅读适合自己的读物。同时经常在孩子面前灌输"活到老，学到老"的思想，并做到"身体力行"。

二是给孩子一个适合学习的环境。学习是一项艰苦的脑力劳动，需要踏实、专心，最忌讳浮躁、精力不集中。一个孩子在家里学习的时候，必须"入静"、"入境"，即做到目的明确、思想集中、踏实自信、心态良好。比如，父母可以给孩子学习预备固定的桌椅、房间布置要适合孩子学习，同时在孩子学习时家人保持安静，不应大声说话，电视、收音机最好不开。家里人最好有共同学习的时间，条件允许，每天晚上固定时间，全家人同时学习，读书、看报刊、写东西，这样的家庭气氛才能促进孩子专心学习。

三是家长还应努力创造适合孩子学习的心理气氛，这主要是人际环境问题。家里的人际关系如果不和谐，矛盾重重，甚至吵吵闹闹，就会对孩子造成一种心理干扰，以及情绪上的压力，这样，孩子会产生焦虑、恐惧、厌烦等心态，无法安心学习。

故事链接五

顺应天性好成才
——英国著名科学家焦耳的故事

英国著名科学家焦耳从小就对物理学非常感兴趣,他喜欢自己动手做一些关于电、热之类的实验。

有一次,焦耳和哥哥到野外去做实验时,天空忽然浓云密布,电闪雷鸣,下起雨来。焦耳发现,每次闪电过后好一会儿才能听见轰隆隆的雷声,这是怎么回事?焦耳顶着大雨,爬上一个山头,认真地记录下每次闪电到雷鸣之间相隔的时间。第二天上学,焦耳急忙把自己的记录和心里的疑问一并告诉了老师,请老师为他指点迷津。老师耐心地为他讲解:"光和声的传播速度是不一样的,光速快而声速慢,所以人们总是先看见闪电再听到雷声,而实际上闪电雷鸣是同时发生的。"神奇的物理现象吸引着焦耳,使他入迷。

有一次,焦耳和哥哥一起到郊外旅游。他突然想做一个电击动物的实验,以此来看看动物受到电击后是什么反应。他找了一匹瘸腿的马,由哥哥牵着,自己悄悄躲在后面,他将电流通到马身上。结果,马受到电击后狂跳起来,差一点把哥哥踢伤。还有一次,他和哥哥划着船来到了群山环绕的湖心,焦耳又突发奇想,要试一试回声的大小。焦耳将火枪里塞满了火药,然后扣动了扳机。随着"砰"的一声响,一条长长的火苗从枪口里喷射而出,将焦耳的眉毛烧光了,吓得哥哥险些掉进湖里。

尽管小焦耳做出了很多危险的事情,但是爸爸还是很支持他,让他做自己感兴趣的事,顺应他的天性培养他,这使小焦耳更加热爱自己的科学实验。

小焦耳对学习科学知识和进行科学实验的热情几近痴迷,他在进军科学的道路上孜孜以求,终于成为一名出色的科学家。

智慧启迪

天才起源于兴趣，只要我们不畏艰险，不怕辛苦，不怕困难，不怕失败，怀着一颗探索的心不断朝着我们自己感兴趣的目标前进，最终就会走向成功。

第 5 章　兴趣教育，调动孩子的积极性

第6章　心态教育，点燃孩子幸福的灯塔

　　美国著名心理学家马斯洛说："心态若改变，态度跟着改变；态度改变，习惯跟着改变；习惯改变，性格跟着改变；性格改变，人生就跟着改变。"一位伟人说："要么你去驾驭生命，要么生命来驾驭你。你的心态决定谁是坐骑，谁是骑士。"作为孩子的父母，我们改变不了我们是孩子父母的事实，但我们可以通过改变自己来影响孩子；我们改变不了孩子周围的环境，但我们可以改变孩子的心态。教会孩子有好心态，让孩子获得更多的幸福。

27. 心态教育法
——让孩子有个健康的心态

　　积极乐观既是心理健康的一种表现，又是心理健康的促进剂。孩子由于年龄关系，很容易因一件小事而给自己的心灵留下创伤。让孩子保持积极乐观的心态，这是非常重要的，这样孩子在人生的道路上会始终把握一个向上的方向，孩子就能成为自己心灵的主人，成为自己命运的主人。

【草根实践】

　　琪琪是一个很普通的孩子，既不是那么聪明伶俐，也没有什么非常可人的事迹。但是她在成长过程中一直心态很好，整天都是乐乐呵呵的，好像总也没有什么愁事。一直以来，常常能听到亲朋好友甚至陌生人赞许琪琪：客人来了，主动打招呼，递茶水，客人评价她真有礼貌，真懂事；公交车上，看到有老弱病残总是主动让座，周围的人夸她真乖；在学校，总是力所能及地帮助同学，积极参加班里的活动，功课不错，歌唱得也好，于是琪琪常常得到老师的表扬。琪琪从小学到中学一直都担任班干部，并年年被评为"三好学生"或"优秀学生干部"。经常有朋友问琪琪妈妈是怎么教育孩子的？总结起来，妈妈最深的体会是："心态教育法"对琪琪的成长起到了关键作用。

　　在教育琪琪成长的过程中，妈妈首先教育她如何做人。妈妈在领着琪琪逛街时，碰到乞讨的老人或残疾人，妈妈就把身上的零钱给他们，琪琪看到了，也将自己的零花钱贡献出来；在家里，爸爸妈妈对老人都非常关心和尊敬，琪琪也学会了怎么去孝敬长辈；茶余饭后，爸爸妈妈经常把身边发生的事，报纸、电视中听到、看到的各种觉得琪琪应该了解的事情讲给她听，然后共同分析讨论，从中辨出是非对错。多年以来，父母通过对无数国内外的、社会上的、正面的、反面的大事小情的了解、分析和正面引导，不仅使琪琪开阔了视野、丰富了知识、增长了见识，有了一定的是非辨别能力，更使她树立了良好的人生价值观、正确的道德观。

一年春节，妈妈同学的孩子从国外回来，在聊天中从国外回来的孩子时不时地将中国和外国进行比较，说外国是多么先进，言语中处处流露出在外国读书的自豪感。琪琪则很严肃地对他说："中国正在飞速地发展，只有中国强大了，海外华人才能挺直腰杆做人。"听到她不卑不亢的言辞，感到她强烈的民族自信心和自豪感，妈妈真是由衷的欣慰。

妈妈知道，良好的心态才能使她事半功倍。所以，在学习上，妈妈也不给琪琪很大的压力，只希望她往上看，努力用功，尽自己的能力做到最好。妈妈相信怀着理想，带着愉快的心情轻装前进，学习一定会有进步。

在生活上，妈妈希望她往下看，不追求名牌和奢侈，不攀比，心态健康，知足而长乐。顺境时不骄，逆境时不馁，泰然处之。

多年顺畅的交流与沟通，早已使爸爸妈妈和琪琪成为无话不谈的朋友，完全消除了亲子间的代沟。妈妈也从不担心琪琪会早恋或是学坏，因为妈妈了解琪琪的所思所想，也了解她的理想志向。妈妈认为，也许将来琪琪成不了科学家、企业家，但妈妈确信，至少在普通的岗位上，琪琪一定会是一个有责任心的、能明辨是非、积极进取、乐观面对生活的人。这也正是妈妈所希望的。

【草根智慧】

琪琪为什么能够做得很好，最主要的是孩子心态好，最重要的是家长的教育方法好，家长本身对是非善恶好坏有一个正确的判断。学习上不给孩子过多压力，只要孩子努力，尽自己的最大能力就好。生活中家长很少给孩子讲大道理，而是把身边的事情讲给孩子听，让她对生活中的事情发表自己的看法，之后家长再加以引导。对于生活中的一些问题让孩子有一个健康的心态，不攀比，知足常乐，在顺境时不骄傲，逆境时也不气馁。还有，家长能与孩子以"朋友"的关系相处，这样做家长与孩子之间没有代沟，平等交流，孩子能够根据自己的判断，说出自己的想法，表达自己的观点。

我们强调素质教育，并不是简单地减轻学习压力，减少作业，更不是学弹琴、学画画。素质教育应该是培养教育出有良好的心态，同时具有爱国心、责任心、善良、正直等优良品质和素养的人。

在人生的路途上，每个人都会有许多事不能如愿以偿，只有心理素质好、豁达开朗的人，才能沉着应对，最终成功。作为父母应该做一个有心之人，用健康向上的心态给孩子以正确的指导，用博大的胸怀为孩子的心灵提供一个安全的栖息处，多给孩子一些信心、理解、安全和赞许，少一些嘲笑、敌意和批评。使孩子能觉得被重视、受关爱，从而体会到家的温暖和亲人的可亲可信。

带孩子在人生路上走一段，培养孩子良好健康的心态，是每个父母都要努力去做的事。

父母运用"心态教育法"的关键是自己首先要有一个好心态，父母没有好心态是带不出来好心态的孩子的。

28. 支持教育法
——给孩子最可靠的力量

支持孩子，就是给孩子自信，就是给孩子力量。父母对孩子的支持给孩子的力量是无穷的。一句鼓励的话可改变孩子的观念与行为，甚至改变孩子的命运！同样，一句贬损的话可刺伤孩子的心灵与身体！甚至毁灭孩子的未来。

【草根实践】

有一个叫林可的孩子,他在一所乡镇中学上学。这所学校高一招收了40多个孩子,可到了高二,一个年级就只剩下了22个孩子,老师教着也没劲,孩子学着也没劲。到了高三,林可发现这样下去不行,否则,上大学的梦可就完了。

于是,林可骑车骑了五十多里路,到县城一所重点中学,向学生打听谁是最好的老师,找到了老师后,他把自己的情况跟老师说了一遍,然后央求老师说:"老师,你能不能收留我?"

老师对他说:"以你现有的学习水平到我们学校来,可能跟不上。"

可是,这个孩子很固执地说:"老师,我是一个农村孩子,这么大老远骑车跑到这儿,你就留下我吧!"

老师看这个孩子挺诚恳,就对他说:"你可以留下来。但等到期中考试,如果你能够考到班里前50名(当时班里有60多名学生),我就要你;如果考不到前50名,你就走人,行不行?"

林可点头说行。结果,到10月份期中考试,他考了第53名。这个孩子就打点行李走了,走到半路,想想觉得不应该,不管怎么说,得跟老师告个别,就又回来了。他就这么背着一个破行李卷,背着一箱书,一路劳累,又回来了。

他说:"老师,我这次考了第53名,没有达到目标,我就要走了,来跟您告个别。老师,你放心吧,我已经知道了自己天生不是考大学的料,我也想明白了,还是回去踏踏实实种地吧。老师我来看看你,是表示感谢。"

老师看他一个基础很差的孩子,努力了一个多月,能考到53名,这已经相当不容易了。就对他说:"你这小子怎么这么不自信呢?你看你刚来的时候,在班里倒数第一,现在两个多月的时间,你能冲到53名,说明你的潜能是很大的!你怎么说不是考大学的料呢?如果按照这样的速度进步的话,你完全可能考上大学,就看你有没有自信,敢不敢挑战自己了。"

林可很感动，就问："老师，你还能留我吗？"

老师说："怎么不留？你能不能再争口气？用你的实际行动来证明自己能行？"

林可没有想到老师会留下他，这使他即惊喜又感激，学习的劲头更足了，每天看书到深夜，完全把学习当作了一种奋斗的过程来享受。

果然，到了期末考试，林可考到了班里的第23名。这时候，班级同学们也感受到来自于他的竞争压力了。而一经努力考上了第23名之后，林可的信心就更足了，他的目标已经不是考一所普通的大学，而是要考好大学！

林可继续努力，到了第二年的3月份，他在一次大型考试中考到班里第8名。这个时候，他暗下决心："我要考清华大学！"

高考前一个月的考试，他考到了班里第5名。他跟老师说："老师，我现在最希望的事情，就是高考能再延期一个月，只要再多给我一个月的时间学习，我一定会拿班里第一，一定能上清华。但现在时间已经来不及了。"

老师说："再有一个月就足够了。你从第60多名变成第5名，一个月平均提高了多少。现在还有一个月的时间，这一个月只要好好干，足以成为班里第一，也具备冲击清华的实力，就看你有没有这个信心了！"

最后，高考时，林可的总分排名学校第三，如愿进入清华大学。

这个故事是名师王金占所带的学生的故事。

【草根智慧】

一个人的潜能有多大？一个人的自信心来了，把自己的潜能都调动出来，焕发了奋斗的激情了，成绩就是不可想象的。

自信心对一个人一生的发展所起的作用，无论在开发智力上，还是挖掘潜能上，或是处世能力上，都有着基石般的支持作用。信心就像人的能力催化剂，将人的一切潜能都调动起来，将各部分的功能推动到最佳状态。在许多伟人及成功人士身上，我们都可以看到超凡的自信心，正是这种自信心的催化作用，使他们不断努力，百折不挠，在失败中看到希望，最终获得成功。

一个自信能力不强的孩子，在学习中遇到困难、挫折时，往往不能坚持下去，那么要想实现自己的前进目标就很难。家长能够让孩子相信自己，给孩子信心，这比什么都重要。给孩子自信心关键的一点是找出孩子优点并及时给予鼓励和支持，重要的一点是帮助孩子在挫折和失败中看到成功的积极因素。这不仅对一般孩子有效果，即使是优秀的孩子也很需要鼓励，他们需要从自己的成功中获取进一步发展的动力，如果自己的成功得不到及时的承认，他们也会因为缺乏动力而枯萎。对那些表现一般，经常遇到挫折和失败的孩子来说，更需要用这种方法来为他们加油，增强他们的动力。

相信一个智者说的话：父母的支持是大地，让孩子感受爱的坚实；父母的支持是海洋，让孩子沐浴爱的波浪；父母的支持是助推器，让孩子飞向无量的前程。

父母在选择"支持教育法"教育孩子时，要注意的问题更应该是在孩子遇到困难和挫折时给予孩子的支持，这时的支持会让孩子重拾信心和勇气，使孩子勇敢地去战胜困难和挫折，不断前进。

29. 培养意志教育法
——身心的健康更重要

意志是一个人成功的关键。遗憾的是，现在的大部分孩子都缺乏意志力，他们生活在父母的溺爱与包办下，缺乏自我解决问题的能力、坚持不懈的毅力及抵抗挫折的耐力，这样的孩子在以后的生活中会遇到各种各样的麻烦。明智的父母应该从小就培养孩子坚强的意志力，给孩子的成长上一道保险。

【草根实践】

家住郑州市的陆银州，为了激励儿子学习，培养儿子的坚强意志，他与11岁的儿子陆泽霖从郑州出发，徒步旅行630公里，历经23天到达连云港。

陆银州是一名建筑工人，由于工作的原因，常年驻外，而他的妻子在社区上班，工作也很繁琐，这样一来，俩人都没有什么时间管儿子的学习。暑假的时候，陆银州得知上小学五年级的儿子陆泽霖学习不太认真，期末考试在班级排名是后几名，并且几次考试成绩都呈直线下降趋势，他心里很不是滋味。如何让孩子对学习感兴趣呢，陆银州经过深思熟虑后，他想以一种特殊的方式让儿子明白怎样去学习，于是他决定带儿子徒步到连云港，因为在大海里游泳一直是儿子最大的心愿。

为了让儿子能适应徒步旅行，在出发前的10天时间里，陆银州带着儿子每天很早起来锻炼身体，并每天坚持步行5~6公里。一切准备就绪后，在妻子的再三交代之下，在亲朋好友疑惑中，父子俩带着帐篷和生活用品出发了。

尽管事先有适应性训练，当他们顺着310国道走到开封时，11岁的陆泽霖脚上磨出了泡，还打起了"退堂鼓"。"你想去看大海吗？在这个世界上，干任何一件事只有努力了才能办到。"陆银州这样鼓励儿子。陆泽霖只好跟着爸爸继续向前走。

他们每天一大早就出发，背着行囊，顶着烈日，在没有树荫的国道上前行着。到了中午，找个阴凉的地方，吃着简单的午餐，然后打开帐篷，睡个午觉。下午3点又出发。傍晚时分，为了安全起见，往往在就近的加油站支上帐篷过夜。白天的烈日尚可忍受，晚上的蚊子却是父子俩最大的敌人，最多的一次，小泽霖被蚊子咬了53个小红疙瘩。尽管如此，小泽霖每天在休息的时间里，都坚持写日记。

当父子俩走在长长的国道上时，几乎每天都有好心的司机将车停下，问他们需不需要"捎上一段"，当得知他们在徒步旅行时，司机都会竖起大拇指夸奖。这时，小泽霖心里会很高兴，脸上也会露出自豪的表情。两位骑着自行车的小学女老师得知他们的情况，非要捎他们一段，这些好意都被父子俩拒绝了。小泽霖对爸爸说："就是捎，也是我们骑车带她们，怎么能让两个女士骑车带俩男子汉。"陆银州第一次为儿子竖起了大拇指。经过630公里的跋涉，父子俩终于步行到达了连云港，小泽霖第一次看到了大海。

陆银州说，这次徒步旅行的初衷还是达到了，一是磨炼了儿子的意志，二是出发前他告诉儿子，准备辞职回家陪儿子学习，旅行结束，小泽霖说："爸爸，你去上班吧，我会好好学习的。"陆银州知道了这次磨炼孩子意志的旅行有效果了。

有人问小泽霖对这次行程的体会，小泽霖说，自己觉得这次行程特别有意义，也理解了老爸的良苦用心。更为重要的是自己认识到只要有毅力就能达到目标。

【草根智慧】

孩子们正处在身心的发育成长期，他们根据自己对客观世界及其发展规律的认识，在情感的激励下，确定一个奋斗目标，从而集中注意力，发挥自己的才能，克服一切困难，以自己的行动去投身到实现自己的奋斗目标中去。这就是孩子意志力的表现。

培养孩子的意志力是家长的一门必修课。因为意志力是孩子实现自己生活、学习、工作直至人生目标的重要品质。意志力不是与生俱来的，而是受环境影响或培养而来的。家长培养孩子的意志力要从小开始，这就需要家长做许多方面的工作，比如：

引导孩子做事善始善终，这是培养孩子坚强意志的有效途径。

一般来讲，做事不能有头有尾的孩子，往往心理比较脆弱，意志力较差，情绪不稳，注意力不能集中。这样的孩子做事很少成功，也容易产生自信心不足，甚至严重的自卑感，或马马虎虎，对人对事都抱一种不在乎的无所谓态度。家长可先让孩子做些简单的，在短期内能完成的事情，在孩子完成任务之后对他进行适时鼓励，树立孩子的信心，然后逐渐交给他比较复杂的，需要较长时间和一定耐心，付出一定努力才完成的工作，并在孩子遇到困难不想坚持的时候给予适当鼓励和帮助，让孩子坚持把事情做完。比如，日常生活中，孩子自己的事情自己做，吃完饭收拾碗筷，脱下的衣服叠放整齐，自己的房间自己收拾好等，这些看起来不起眼的小习惯都是培养孩子意志力的重要活动。

同时，家长对孩子的要求应合情合理，既要有一定难度，又要是孩子经过努力能做成的。要求一经提出，就不要轻易更改或打折扣降标准，直至达到目的为止。这对培养孩子的意志力来说是很重要的。

另一方面，家长自身的意志力对孩子也有着重大的影响。孔子说："其身正，不令而行；其身不正，虽令不行。"无论家长的文化程度是高是低，也不论从事什么职业，家长的刻苦好学、勤奋工作，自强不息的坚强意志，永远是孩子最好的榜样。我们在给孩子制定标准，培养孩子的意志力的同时，也是对自身意志力的一种提高。有些家长由于本身意志力就比较差，遇到困难，比孩子先行打了退堂鼓，那教育和培养孩子意志品质就无从谈起了。

运用"培养意志教育法"，关键是培养孩子"决心做"的意志。一个人如果下决心要成为什么样的人，或者下决心要做成什么样的事，那么，意志力是促使他心想事成、如愿以偿的重要条件。对孩子的培养也是如此，如果孩子不能下决心做成某事，那么，孩子离成功就会越来越远。

30. 耐心教育法
——给孩子成长的时间

改变孩子有时候很不容易，但孩子有些问题、毛病不改变，这就可能影响到他的一生。只要我们想办法，用正确的教育方式，只要我们有足够的耐心，我们就一定能够改变孩子。无论孩子在成长过程中遇到什么样的难题，都不要轻言放弃！爱孩子，就要多给自己和孩子一些耐心。

【草根实践】

有一对农民夫妇，年过40才得一个儿子，因此对儿子就像对宝贝似的，儿子就在父母的宠爱中一天天长大。可是在蜜罐中长大的儿子，却养成了做事粗心大意、毛毛糙糙的坏毛病。最令夫妻俩头痛的是儿子都7岁多了，连走路都走不好，去学校上学时，顽皮的他，总是喜欢东张西望，一边走一边玩，时常跌进水田里，不是弄湿了鞋子，就是弄脏了裤子，做妈妈的整日跟在他后面洗，即便这样也无法让他穿得干净。身上的伤从来没有断过，经常哭着鼻子回家，看着儿子这样，做父母的很焦心。

为了要儿子走路小心一点，妈妈每天在儿子出门的时候都会嘱咐他，一定要注意脚底下，别栽跟头。儿子口头答应得好好的，但是还是蹦蹦跳跳地走着，爱子心切的母亲不放心，只好每天悄悄跟在儿子身后，可这并不能阻止他掉进水田里的事发生。

一天，妈妈默默地站在田埂上，远远地看着儿子几次差点掉到水田里，心都提到嗓子眼了，直到儿子顺利地走过这条长长的田埂，才松了一口气。忽然，妈妈想出了一个办法，何不改造一下这个田埂呢？儿子之所以走路这么不小心，是因为觉得在这里走没有太大的危险。妈妈立刻回到家，拿了一把铁锹来到儿子上学必经的这个田埂上，在上面断断续续地挖了十几道缺口，然后用棍棒搭成了座座小桥，只有小心走上去才能通过。那天放学，儿子走在田埂上，看面前一下子多出了这么多的小桥，很是诧异，是走过去，还是停下来哭泣呢？四顾无人，哭也没有用啊，他在那里来回转了好一会儿，最终他还是选择了走过去。当背着书包的他晃晃悠悠地通过小桥时，吓得出了一身冷汗。但是，他第一次没有哭鼻子，第一次有了某种胜利的感觉。

吃饭的时候，儿子很神气地对妈妈说："妈妈，今天我做了一件大事。"妈妈微笑着问他是什么事，他小小的脸上满是兴奋地说："今天我回来的路上出现了好多小桥，好窄呀！我是自己过去的！一次也没有摔跤。你看，我的裤子和鞋都没有湿。"妈妈给儿子夹了一块肉，说："你很勇敢，孩子。"第一次，吃完饭后，孩子自己乖乖地回到房间里写作业。以后，他上学的路上再也没惹过麻烦。

妈妈的耐心，改掉了孩子的坏毛病，使孩子走上了成长的"正道"。

【草根智慧】

曾经看过这样一个故事：师徒二人出门远行，走了一上午，又累又渴。他们来到一棵树下休息，徒弟看不远处有个小溪，就跑过去想取点水来饮。可不一会儿，徒弟空着手回来了，他告诉师傅说："刚刚有车子过，把水弄得很污浊，不能喝。"师傅说："你再去。"徒弟想，水不能喝还去干什么？无奈师傅让去，只好去了。不一会儿又空手回来告诉师傅说："有人在那儿洗菜，水很脏。"师傅笑笑，命令他再去。徒弟不想再去，师傅看出了徒弟的心思说："还是去吧。"徒弟第三次来到溪边，发现泥沙也不见了，菜叶也消失了，水也清澈了。徒弟终于舀了一瓢清水。徒弟边走边有所悟：原来，要喝到水，只需要足够的耐心来等待。

做事情要有耐心，对待孩子更是如此，因为孩子的成长要有一个过程。

由于工作、生活的压力或者望子成龙心切，许多家长性情较为急躁，表现为家庭教育中出现的浮躁、急于求成等现象。成人自己内心焦虑的表现，也可能会造成了孩子浮躁、焦灼的心理，学习静不下心来，做事丢三落四。在孩子成长的问题上，最要摆平心态的是父母自己，孩子的智力可以不超常，日后也可以不出人头地或成龙成凤，但孩子必须身心健康，因为积极的人格因素和良好的品质是孩子从容应对成长过程中风风雨雨的保证。

因此，父母要尊重孩子成长的生长周期、成才规律，不要揠苗助长，不要跟风攀比，更不能不顾孩子的实际情况强迫孩子按家长的意愿去成长，而应心平气和地教育和引导孩子，让孩子从小打好学习基础、生活基础、身体基础。多为孩子一生的幸福着想，而不要太在乎一时的名利得失。

要知道，一口吃不成胖子，一步登不上长城，一天长不大孩子，教育孩子需要耐心和等待。所以，家长在运用"耐心教育法"时，要有一个好心态，要耐心对待孩子成长中的问题，要知道问题不是一天就能克服的。有些问题随着孩子的成长，随着家长的正确引导是会一点点解决的。

31. 五心教育法
——用心教育才能成功

有人说，不管我们自己的人生和事业多么成功，作为父母，孩子教育不成功就不算成功。许许多多的平民百姓，勤劳一生，就是为了孩子。为了孩子，我们就要尽可能地多在孩子身上下点工夫。只有全身心地投入到孩子身上，少些应酬，少打几圈麻将，少上会儿网，少逛点街……多留点时间给孩子，多用点心思给孩子，我们才会培养出优秀的孩子。

【草根实践】

刘伟在同龄人中是个令人比较满意的孩子,在他很小的时候,爸爸妈妈就告诉他,做什么事,只要你努力了,就不会后悔。

高中毕业时,刘伟虽然没进名牌大学,但也考上了自己理想的学校,回想刘伟的成长之路。妈妈说,他们的"五心教育法",对刘伟的成长很起作用。

一是爱心教育。教育孩子要有一颗爱人之心,平时同学谁有困难,爸爸妈妈都支持和鼓励刘伟主动去帮助他们。班里有个同学家里受了灾,什么东西都没有了。第二天,妈妈就让刘伟把同学领到家里来吃住,并让刘伟把自己的衣服给同学一些。在刘伟的带领下,全班的同学都为受灾的同学捐款捐物。

二是信心教育。爸爸妈妈经常教育刘伟,成长中遇到困难和挫折是正常的,遇到挫折时,能很快地从失败中振作起来。刚上中学时,因为学习方法还没有调整好,刘伟的成绩一般,学习情绪也受到影响。爸爸妈妈帮他分析原因,告诉他往前看,只要自己多努力,多研究学习方法,前途一定是光明的。刘伟调整了心态和学习方法,成绩一点点上来了,也恢复了快乐的情绪。由于性格内向的原因,老师说的每一句话,刘伟都当做圣旨一样来重视,老师交给他的每一项任务,刘伟都会很认真地完成。每当他完成一项老师要求做的事时,他都很开心。但做的过程中,有时候也很有压力,每当这时候,爸爸妈妈就鼓励他:老师信任你,你也要对自己有信心。老师觉得你很出色才多交给你任务的,你应该高兴才对,有什么困难的话,和老师商量一下,我们也相信你一定能完成好的。

三是细心教育。爸爸妈妈总是教育刘伟做事要细心,特别是学习,容不得一点马虎。上小学时,有一次刘伟做错了一道题,爸爸发现了,告诉他要改正过来,刘伟满不在乎地说:"一点小问题",爸爸听他这样说,狠狠地对他进行了批评,并且给他讲了许多因为不注意小事而失败的例子。这以后,刘伟做事细心了许多。

四是耐心教育。刘伟小时候因为不善于与别人交流，不愿意和别人说话，玩伴少，别人都说这孩子好像有问题，但爸爸妈妈不这么看，他们觉得孩子会慢慢成长，只要引导得好，孩子会慢慢好起来的。因此，爸爸妈妈鼓励刘伟多出去见世面，让他去认识更多的人，多交朋友，与同龄人一起玩耍，让他学会融洽地与人交往。果然，上小学后，刘伟一点点就好起来了，还当了班干部。

五是恒心教育。爸爸妈妈鼓励刘伟做什么事情要有恒心，要有坚持到底的精神。上小学时，刘伟的字写得不好，爸爸就让他上书法班练习写字，学了一段时间，字有些进步，因为学习的地方离家比较远，又是星期天上课，加之老师比较严厉，刘伟几次提出不去了，爸爸都没有同意。爸爸觉得这是对他进行恒心教育的好机会，为他讲做事要有恒心，要坚持到底，为他讲因为恒心做事而成功的故事，鼓励他坚持下来，一直到小学毕业，刘伟一直在坚持学习书法并取得市书法比赛的二等奖。这也使他认识到做事有恒心的重要性。

【草根智慧】

家庭是孩子的第一所学校，父母是孩子的第一任老师，父母如何当好老师？父母在教育孩子的过程中需要具有爱心、信心、细心、耐心和恒心，更应该教育孩子具备这"五心"。

父母爱孩子，才会不断地修身养性，充实完善自己，做名副其实的师长。孩子有爱心，才能在人生的路上懂得付出，才能享受更多的快乐。

信心能化为内心的能量，促使信念的实现。德国教育家卡尔·威特的孩子小威特，先天不足，甚至显得有些痴呆，可老威特没有放弃孩子，他相信"人的才能主要取决于后天的教育"，坚持对小威特进行早期教育，结果小威特智力超群，五岁掌握词汇三万多，十岁上大学，十三岁获哲学博士。人是环境之子，作为父母，无论自己的孩子聪明或笨拙，我们首先要充满信心，相信只要努力教育，他就一定会有所长进。

孩子在生活中的点点滴滴，孩子的言谈举止，孩子的潜能和特点，孩子的内心世界，等等，都需要父母细心观察。只有细心，才能抓住可施教的机会对孩子进行教育，才能使教育符合孩子的天性；才能更多了解孩子的日常生活行为，防微杜渐，才能及时发现孩子的不良行为并进行纠正。每个孩子的个性不同，每个孩子都是独特的，每个孩子都有别于其他的孩子，因此家长教育孩子必须细心，如果粗心大意，盲目施教，会收效甚微，甚至揠苗助长，伤害孩子。

　　教育孩子需要十几年甚至二十几年的工夫，不要指望一次谈话，孩子就能变得如我们所想，不要指望一天两天就能把孩子教育好。特别是对有"问题"的孩子，家长更应该有一份耐心，要相信有一份播种就有一份收获。

　　我们都有这样的体会，学习也好，做什么事情也好，入门很快，但当达到一定水平后，要前进一步就很困难，如果无恒心坚持下去，也许就不再发展了。教育孩子也是一样，需要有恒心去坚持，三天打渔两天晒网，想起来了，说孩子一通，想不起来了，让孩子随心所欲，今天让孩子学这个，明天让孩子练那个，东一下、西一下，这样的教育是不会有成效的。不论让孩子做什么，选择适合孩子的，孩子感兴趣的事情，坚持下去，才会有所得。

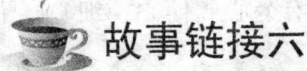
故事链接六

身有残疾心没残疾
——英国大诗人拜伦的故事

　　大诗人拜伦小时候长得很漂亮很可爱，可是当他学走路时，母亲发现他走起路来一瘸一拐的。拜伦的腿竟然有残疾，是个瘸子，母亲为此很伤心，并为他请过很有名的医生来诊治，但还是没有治好。

　　由于腿有残疾，拜伦幼小心里受到了许多伤害，很忌讳别人谈起他的生理缺陷。有一天他走在街上，有个女人既称赞又惋惜地说他长得可爱,只是可怜腿有残疾。拜伦听后自尊心受到了严重的挫伤,他十分生气地举起手中的玩具皮鞭抽向那女人,并大喊让她闭嘴。

拜伦由于残疾形成的心理问题,被母亲看在眼里,为了纠正孩子的这种心理,她和拜伦谈家族的高贵血统,悠久历史,家族中曾出现过的英雄和航海家。母亲告诉拜伦他有着其他孩子所不曾拥有的骄傲,别的孩子是没有这样的出身的。小拜伦从母亲那里了解到自己也有胜过别的孩子的地方,心里也就平衡了许多。

拜伦5岁时,母亲为了抚平他心中的伤痕,让他开心起来,早早地送他去上了学。不久,母亲就发现仅靠有限的学校教育远远不能实现她的计划。她要让小拜伦在学习上超过别的孩子,于是母亲请了两位大学教授做拜伦的家庭教师,与他们学习历史、拉丁文和宗教。拜伦非常聪明,成绩很优秀。为了开拓他的视野,母亲还为拜伦买了不少的书,拜伦最喜欢其中一本描写他的祖父指挥海战的书,他把其中的许多情节背下来,然后讲给别人听,每当与他人讲起这些的时候,他的言谈中就充满了自豪,慢慢地对生活也有了信心。

母亲经常鼓励拜伦,让他忘掉自己的病腿,要他记住自己是一个正常的人,会做得比别人更优秀的。

中学毕业后,拜伦到了名震全国的哈罗公学上学,刚入学时,一些同学因他的腿有残疾而嘲笑和捉弄他。这时的拜伦不再抱怨,他已清楚地知道要征服别人必须要靠自己的真才实学。所以,他更加努力地学习,没用多久他就以渊博的知识获得了同学们的尊敬与喜爱。

在母亲的关心、关怀和帮助下,拜伦摆脱了心灵上的阴影,成了一位备受世界人民尊重和喜爱的杰出的诗人。

智慧启迪

每个人心理都有着自卑,只不过有的人在控制着,有的人任其泛滥。其实不要在意那点小小的自卑,我们越在意它,它就越强大,相反,我们不在意他,他就消失了。

第7章　沟通教育，好沟通成就好孩子

　　一位哲人说："没有沟通，就没有教育。"教育是一项用人来影响人，以生命来影响生命的事业。如果父母与孩子话说不到一块，你说你的，我想我的，"牛头不对马嘴"，那么沟通就是无效的，教育也是无效的。有效的沟通，拉近心与心之间的距离。父母要想了解孩子，就应该加强与孩子心灵的沟通。

32. 温柔教育法
——运用温柔的力量

教育孩子，温柔是利器。有时候，一个温柔的话语、一个温柔的拥抱、一个温柔的眼神要比打两巴掌更有效。在坚持原则的前提下，我们应该对孩子温柔一些，宽容一些。温柔不是纵容，也不是无原则地溺爱，温柔是一种教育的"策略"。让孩子在温柔的环境里，内心变得坚定、自信、乐观、开朗。让孩子觉得永远有一个温暖的港湾等候着自己，在今后的人生路上遇到什么困难都不会被吓倒，不会感到孤独和恐惧。

【草根实践】

鹏鹏妈妈去朋友家做客，朋友将她刚买来的花瓶给她看，这花瓶做工很精致，颜色也很好看，鹏鹏妈妈赞不绝口。这时朋友的女儿正好学完舞蹈回来，一进家门，见这么漂亮的花瓶，非要拿过来摸一摸，不知是手太滑，还是没拿住。"小心！"朋友的话音还没落，花瓶"砰"的一声掉在地上摔碎了。小女孩看了一眼妈妈，吓得眼泪就要流下来了。鹏鹏妈妈想，这要是鹏鹏，我非狠狠批评一顿，甚至伸手打他两下。可朋友却温和地对她女儿说："没事，去卫生间把脸洗一下，给妈妈拿来笤帚，帮妈妈收拾了。"一会儿，朋友收拾干净了，小女孩也写作业去了。鹏鹏妈妈对朋友说，"你对你女儿的脾气可真好，要我至少要批评几句。""你没见她已被吓得要哭了吗，你还忍心骂她？再说，你对她再凶，事情也已无可挽回。我这样对她，我相信她会知错就改的。"朋友平静地说道。后来，鹏鹏妈妈听朋友说，女儿自知犯了错，向妈妈保证以后做事不再这么鲁莽了，并主动帮妈妈洗了一个月的碗，作为这次犯错误的惩罚。朋友告诉鹏鹏妈妈，这叫"温柔"教育法。

看着朋友的教育成果，鹏鹏妈妈对自己的教育开始进行反思。

鹏鹏刚刚入学，人生刚开始一个新起点，对于没有太多约束的鹏鹏，也有了太多的不适应，所以很多事情做的都不尽如人意。出门时，不是忘了带文具盒，就是忘带作业本了，看到此情此景，妈妈就大喊大叫，批评儿子怎么这么粗心。有一次，儿子竟然对妈妈说："妈妈，你能不能说话声音小点，温柔点？"听了儿子的这番话，妈妈停了下来，郑重地看着儿子："妈妈真的很凶吗？你害怕是吗？好的，只要你以后尽量按着老师和妈妈的要求去做，妈妈不会再批评你，可以吗？"鹏鹏点了点头，吵着要和妈妈拉钩。

鹏鹏妈妈想到朋友的温柔教育法，自己与朋友比起来，觉得自己确实有点凶，面对一天天长大、一天天在进步的鹏鹏，看来自己的这种喊叫的教育法真的需要改一改啦！想到这，回过神来，妈妈会心地伸出手指，和儿子拉钩保证。鹏鹏妈妈决定，自己也一定多用"温柔教育法"。如果自己再大喊大叫时，儿子就用"温柔，温柔"来提醒。但是妈妈也和儿子说好，儿子从明天开始也一定要注意克服粗心大意、马马虎虎的毛病。

第二天，鹏鹏好像故意试探妈妈，假装忘带了作业本，让妈妈再大喊大叫。妈妈刚要开口，鹏鹏告诫妈妈："温柔，温柔，作业本在我的书包隔层里呢。"妈妈急忙改变态度，母子俩都开心地笑了。在后来的日子里，鹏鹏每天晚上学习完了，就自己主动检查一下书包，看看有没有忘拿的，就这样鹏鹏改掉了忘这忘那的坏习惯。看着儿子的进步，妈妈想自己也要不断克服自己的坏脾气，尊重孩子，帮助孩子顺利度过刚上学的不适应，配合老师，帮鹏鹏养成良好的行为习惯、学习习惯、生活习惯。

【草根智慧】

朱德在《回忆我的母亲》里表述了母亲的温柔："母亲在家庭

里极能任劳任怨。她性格和蔼，没有打骂过我们，也没有同任何人吵过架。""母亲那种宽厚仁慈的态度，至今还在我心中留有深刻的印象。""我应该感谢母亲，她教给我与困难作斗争的经验。我在家庭中已经饱尝艰苦，这使我在三十多年的军事生活和革命生活中再没感到过困难，没被困难吓倒。"

研究表明，如果父母"刚柔并济"，既对孩子的行为严加约束，又能展现"柔情一面"，那么，孩子在学前、上学期间和青少年时期会比同龄人表现优异：他们自信、竞争力强。

有教育专家指出："对孩子大声吼叫是个很严重的问题，虽然孩子需要激情去面对外面的世界，但大声吼叫并不是好的引导方式，相反，对孩子怒吼，特别是重复不断地大声斥责孩子，孩子受到的伤害很大，这甚至比打孩子还厉害。"

实际上对孩子的打骂是最无能的教育。如果孩子做错了什么，只要一个严肃的眼神，和一句否定的表态就能起到作用了。打和骂、大喊大叫是不能挽回已经造成的错误，反而会造成对孩子的二次伤害。孩子犯错误是孩子探索世界的天性造成的，极少数是恶意的，极少是和道德有关系的，从这一点来说，我们需要做的是允许孩子不断的犯错，这样他才能自由地成长。

孩子犯了错误，父母大声地和孩子喊叫，孩子的心理压力会很大，心情也会很难过。长期这样，会形成自闭、孤僻的性格。"天下之柔莫过于水，而攻坚强者莫之能胜"。温柔是一种柔和而广大无边的力量，可以化解至刚至阳的力量。愿我们的每位家长面对孩子，少一点批评，多一点鼓励，少一点责骂，多一些温柔，少一点烦躁，多一点耐心。如此，我们会收到预想不到的惊喜！

当然，运用"温柔教育法"要注意不可过于温柔，不可对孩子什么事都"一笑了之"，那样会使孩子养成诸多的不良习惯。该坚持原则的时候必须要坚持原则，无原则的温柔，对孩子是有害无益的。

33. 一分钟教育法
——用情感去感染和教育孩子

美国有一本家庭教育的小册子，叫做《一分钟母亲》。说的是一位拥有三个孩子的母亲，把孩子的教育归结在三个"一"上，即：一分钟目标，一分钟表扬，一分钟责备。具体的做法是：当孩子做了好事，成绩优异达到既定目标时，她马上给予孩子温柔慈爱的目光及热烈的首肯并拥抱和亲吻孩子；当孩子表现不佳时，她马上用沉默来表示自己的态度，使孩子在心理上有了一定的压力，继而用低沉的话语来责备孩子。当孩子对母亲的教育心服口服彻底承认错误，改正错误努力完成目标时，她再次用拥抱来表示对孩子的鼓励。这位用情感去感染和教育孩子的母亲，最终达到了一分钟目标，创造了"一分钟教育法"。

【草根实践】

畅畅妈妈的朋友来家做客，刚刚坐下，三岁多的畅畅就端着一碟糖走过来，说："阿姨好，您吃糖吧！""畅畅真乖！"朋友用赞叹的口吻夸奖畅畅。其实，熟悉畅畅的人都知道，几个月前，畅畅还是另一个表现。那时畅畅一见到陌生人就紧张、害怕，有时甚至吓得哭起来。每次来客人，他都要躲在妈妈的怀里。有一次，一位邻居过来串门，说话声音比较大，看到畅畅长得很可爱，想要抱一下，刚伸开手，畅畅就吓哭了，直到客人走了才罢休，弄得客人很不好意思。

妈妈很苦恼畅畅在生人面前的表现，如何改变畅畅这个毛病呢？妈妈在查找教育孩子的方法时，看到了"一分钟教育法"，妈妈想自己何不试试呢！

妈妈也琢磨出了一个方法，就是在每次见到生人前的一分钟，给畅畅布置一项"任务"。有一次，李爷爷要来了，妈妈要为他倒一杯茶，就对畅畅说，"你能帮我拿只杯子吗？"畅畅拿完杯子后，妈妈表扬了畅畅一番，畅畅心里正高兴呢，这时李爷爷进屋了，畅畅虽然有点紧张，但是这次却没有藏在妈妈的后面，妈妈又表扬了畅畅的进步。第二天，妈妈对畅畅说："李阿姨要带红红姐姐来玩，你去给姐姐准备几本图书，她来了之后，一定会给你讲故事的。"畅畅一听到讲故事，很高兴，马上去房间准备了几本图书，红红进屋后，他居然主动给红红姐姐图书。妈妈和李阿姨都夸畅畅是个乖孩子。妈妈见畅畅有进步，赶紧想办法巩固已有的进步。妈妈隔一两天就约朋友或邻居到家中来做客，每次客人进屋前，妈妈都给畅畅布置点任务，或许是由于妈妈及客人的赞赏，或许是能得到和小伙伴玩耍的机会，如此几次之后，逐渐地畅畅就不怕见到生人了。现在，只要听到有客人来，他就会主动打招呼，或做一些简单的招待工作，如送糖果、图书、毛巾，还主动和来家的小客人玩等。

【草根智慧】

畅畅妈妈的"一分钟教育法"实际上是一种应急措施，通过转移、分散、鼓励等多种手段，在最短的时间里取得较好的教育效果。

畅畅妈妈用一个极其简单的方法，使畅畅由怕见生人到有礼貌地接待客人，小小的转变却对孩子形成良好的个性起到了不可估量的作用。

畅畅妈妈的方法很值得借鉴。如果我们的孩子怕见生人，我们不妨在会客前一分钟，有意识地为孩子创设与客人交往的机会——即布置"任务"，让孩子参与接待工作，不管孩子做得怎样，鼓励孩子，让孩子有成就感。

表扬和批评是父母们教育孩子经常使用的手段，目的是使孩子了解自己行为背后的后果和所得到的评价，是做对了还是做错了。及时表扬与批评，就是在孩子心理上起到一种肯定与否定的及时"强化"的作用。

其实教育并不难，当孩子的言行出现问题时，出现过错时，"一分钟的批评"让他们迅速认识自己的错误，并且试着自我改正；当孩子表现良好，出现点滴优点时，"一分钟的表扬"让他们保持长久的快乐，并因此而做得更好。而"一分钟的目标"让孩子们学会自我管理，学会自我监督，向着自己的目标前进。

父母们在尝试"一分钟教育法"时，要认识到这一点：表扬也好，批评也好，目的是为了管教孩子，使用"一分钟教育法"时表扬要恰如其分，批评也不要过头，不让孩子产生自满情绪，防止孩子悲观或逆反。

34. 眼神沟通教育法
——好沟通成就好孩子

人是属于社会的产物，每个人都希望被别人理解和接纳，所以就少不了沟通，尤其少不了与关系密切的人之间的沟通。如果一个孩子被身边的人尤其是父母所了解，彼此间能进行很好的沟通，那么这个孩子至少在心理方面就会得到健康的发展。沟通的方式有多种多样，许多时候沟通并不一定需要语言，一个手势、一个眼神，这种特殊的沟通方式更能取得很好的效果。

【草根实践】

袁妈妈和彭妈妈是大学的同班同学，虽然参加工作后都在同一个城市，但很少见面。有一年放寒假，袁妈妈带着儿子去同学家做客。

彭妈妈和她的儿子很热情地接待了他们。

闲聊时，袁妈妈就问彭妈妈家的男孩："你今年上几年级了？"

他回答:"阿姨,我上高一。"

"在哪个学校呢?"

"我在师大附中。"袁妈妈知道,师大附中是市里最好的中学。

袁妈妈继续问:"这次期末考试成绩怎么样呀?"

男孩又回答:"阿姨,我这次考试在班里排名第一,年级排名第十。"

袁妈妈就回过头来,意味深长地看了自己的儿子一眼。因为她的儿子只在一个普通中学读初三,学习成绩在班里最好的时候才排到20名。袁妈妈什么也没有说,但是只是一直不在状态,有些闷闷不乐。说她不高兴吧,老同学聚会不该煞风景,可是又高兴不起来。问完男孩的成绩之后,袁妈妈再也没有提到学习上一个字,自己孩子比人家孩子差太远了,再谈学习的事,自己说不出口。

袁妈妈不提学习,儿子却不能不想:"我妈在大学期间,比彭阿姨学得还好。我妈妈的社会地位要比彭阿姨高很多,但妈妈今天这么难堪?不就是因为我这个不争气的儿子给她丢脸了?妈妈为了保护我的自尊心,一句不谈学习的事,只字也不拿我跟人家的孩子比,我的妈妈多好啊!"

男孩想:"不行,我一定要给妈妈争口气,我一定要考上师大附中!"

回家的路上,男孩下定决心:"一到家就要玩命了!还有半年中考,就从今天开始!"

回家之后,男孩就开始拼命地学习,成绩一点点提高,期中的时候,就能在班级排到前10名。中考时成绩虽然不是很好,但总算进入了师大附中,当然,排名在班级基本上是最后了。

刚上高中,男孩成绩落后,但他不慌不乱,一步一步走,学得非常有底气,他想进入师大附中这只是第一步,将来的北大非自己莫属。就这样,每学期他的名次都进步一大块,高三的时候他已稳住在班级前3名,高考时,他果真如愿考进了北京大学。

人的成长,不一定要多么惊天动地;有时候,一件简单的事情就有可能改变一个人的一生。就像这男孩自己说的，我的成功就是从妈妈看我的那一眼开始的！妈妈的眼神沟通法，让我获得了无穷的力量。

【草根智慧】

作家周国平说："父母的眼神对于孩子的成长有着不可低估的影响。打个不太确切的比方，即使是小动物，生长在昏暗的灯光下和明朗的阳光下，也会造成截然不同的品性。对于孩子来说，父母的眼神是经常笼罩他们的一种光线，他们往往是借之感受世界的明暗和自己生命的强弱的。"父母沟通中慈爱、专注的眼神将会传达给孩子爱与尊重，会使孩子受到极大的鼓舞，从而愿意与父母进一步沟通。

有的家长说，和孩子沟通很难。许多家长都有这样的体会：平时还好，不说学习是朋友，一说学习是敌人，孩子特别不愿意和家长说学习的事。应该说，这是家长没有掌握良好的沟通方法造成的。

良好的沟通是什么呢？是无条件的爱孩子，是无论孩子考试成绩好还是糟糕，我们都会爱他，让孩子感觉到我们不是以考试成绩和表现来决定父母是否爱他。如果他表现好或者考试成绩好我们就欣喜或者给予奖励，那就是有条件的爱他。无条件的爱孩子包括接纳孩子的一切。所以，在与孩子沟通时，要多注意讲究一些沟通方法。要知道，沟通并不仅仅是说话，一个眼神、一个手势、一个动作、一个亲吻、一个拥抱都是一种很好的沟通。这些特殊的沟通利用好了，比语言上的沟通更起作用。

本杰明·威斯特是美国著名的画家。年幼的时候，一天，妈妈嘱咐本杰明独自在家里照顾他的妹妹莎莉，他无意中发现了妈妈的桌子上有几瓶彩色墨水。妈妈不在家，他无事可做，那几个瓶子对他产生了极大的诱惑，本杰明忍不住打开瓶子，那些色彩吸引着他，让他突发奇想，他决定用这些墨水来为妹妹画一张画。于是他以地板为画纸，开始涂抹起来，妹妹的画像画好了，可那只能算作是一些乱七八糟的墨迹，大量的墨水污渍弄得家里到处都是。

妈妈回家时，被眼前的情景惊呆了，但她同时也看到了地板上的那张画像，她不但没有责怪本杰明，却惊喜地说道："啊，那是莎莉！"然后她弯下腰来亲吻了她的儿子。

本杰明长大成名以后，曾骄傲地说："是母亲的亲吻使我成为了画家。"

和孩子沟通难是现实存在的，在与孩子言语沟通不利时，父母考没考虑转换一下思路，考虑一下其他的沟通方式，而不仅仅局限于通常状态下的语言交流，可以尝试一下使用无声的语言，如抚摸、拥抱、微笑、亲吻、眼神交流、沉默等，善用无声的语言常会在亲子沟通中起到事半功倍的效果。

35. 巧解心结教育法
——心结开则成长顺

随着社会竞争日益激烈，人们的心理压力普遍越来越大。这种压力也传导到孩子，对考试的焦虑、来自家庭和学校的压力等，成为影响孩子心理健康的主要原因。事实上，每一个孩子都是想好的，都是想进步的，因此只有关心和信任自己的孩子、帮助孩子打开心结，才有成功教育孩子的希望。

【草根实践】

在2009年的高考中，虹虹以高分考取了某名牌大学，可是，谁也想象不到，虹虹曾经是一名对考试有恐惧症的孩子。是妈妈的巧解心结教育法，解开了她的心结，消除了她的心理问题。

虹虹性格有点内向，刚进初一时，她的成绩在班里还能占中上等。因为学习比较认真，作业每次总能按时完成，老师课堂上的提问一般也能顺利地回答出来。不知从什么时候开始，虹虹越来越害怕考试了。每次考试时，总是很紧张，一紧张她心里就发慌。平时的小考小测还好，越是到期中、期末的考试，情况就越糟糕，根本不能把自己学到的东西正常地发挥出来。使得考试成绩总是令人沮丧，虹虹变得越来越不自信，有时候甚至怀疑自己不是读书的料。

　　这种大考怯场的情绪，在初三时更加厉害。虹虹曾经这样描述自己一次期末数学考试时怯场的情景：试卷一发下来，自己就有些紧张，忍不住就想先看看有没有难题。这一看不要紧，前边的大部分题都是考基础知识，没有什么难度，心里还比较轻松，可是，当看到最后两道综合题是自己以前从来没有见过的，感觉很难，心里一下子就紧张起来，心里一发慌，神经立马就绷得更紧了，自己努力想静下心来，赶快答题，可是怎么也静不下来，不知怎么的，自己的思路好像也断了，头脑中一片空白，什么也写不出来了，越着急越不行，额头上直冒虚汗，手也不听使唤了，对着试卷干瞪眼。就连前边的基础题也想不起来了，等到慢慢镇静下来时，时间已经过去了一小半。这次的考试成绩才勉强及格。

　　看到女儿考试怯场的问题这么严重，虹虹的爸爸妈妈也很着急，在还是以分数论英雄的时代，如果一些重要考试考不出好成绩，会影响她一生的前途啊！为此，虹虹的妈妈多次找专家分析孩子的情况，制订了一个全面调整孩子考试恐惧心理的计划。

　　第一，让孩子淡化考试成绩。妈妈开始慢慢对虹虹渗透着这样的道理：学习的目的不是考试，考试只是对学习的一种督促，让我们学到更多的知识，使我们成为有文化、有能力的人，考试只是检测我们知识掌握的情况，所以，考不好也没什么关系。并且爸爸妈妈也有意在考试前不再和孩子提成绩的事，考试后也不再过问考试的分数。通过这样的办法，让女儿慢慢解除了思想压力，心情也放松了一些。

　　第二，帮助孩子学好基础知识，练好扎实的基本功。考试怯场，说到底是学习不扎实的反映。如果基础很好，每一个知识点掌握的都比较扎实，就不至于惧怕考试。因此，妈妈从虹虹最害怕的数学和外语这两个学科做起，经常帮助女儿查漏补缺，学好每一个知识点，每天都及时检查虹虹的作业，让女儿的每一道题，都有清晰的解题步骤，正确的结果。然后，每过一段时间，妈妈就辅导女儿把每个知识点贯通起来，形成知识体系。通过扎实的基本功练习，使虹虹对考试慢慢地有了信心。

第三，考后认真总结。虽然不再强调考试分数，但是每一次考试结束后，妈妈都要和虹虹一起分析试卷，把丢分点弄清楚，再帮助她复习涉及的基础知识，把考试丢掉的分数找回来。同时也让虹虹感到，考试的难题不可怕，都有基本的知识点。

第四，有进步时，爸爸妈妈和老师都及时表扬。虹虹的妈妈常常与老师保持联系，老师在虹虹考试成绩提高的时候，给她多多地表扬，以增强她的成就感和下次考好的自信心。

在爸爸妈妈两年的精心帮助下，虹虹对考试的那种惧怕"心结"慢慢地解开了，渐渐地，从一走进考场的慌乱到逐渐的心里平稳，再到走进考场时的胸有成竹、镇定自若，直到满怀信心、稳扎稳打、超常发挥，高考时取得很好的成绩。

【草根智慧】

孩子心结或者说心理问题形成的原因是多方面的。家长对孩子过分关注和过度保护是其中的重要原因之一。由于多数家庭都是独生子女，家长们把孩子都当成宝，望子成龙、望女成凤，都希望自己的孩子有出息。一些家长热衷于将自己的孩子和同事、亲戚、邻居家的孩子作比较。攀比之风盛行使家长对子女的关注度过高，对自己的孩子也提出了更多要求：不但学习要考前三、学校要上重点，还要有一两门特长。由于家长过度关注孩子的学习，一些家长看到孩子在玩一会儿就焦虑不安，觉得孩子没有学习，浪费了时间，怕孩子长大后没出息。这些过分的担忧、焦虑有时也传给孩子，让孩子产生压力感，继而影响孩子的心理健康，使孩子产生心理问题。一些家长在孩子即将遇到挫折时，先替孩子化解，这样不但使孩子形成不健全的性格，过于软弱，心理承受能力差，而且一遇到困难或挫折，也极容易产生心理问题。

解开孩子的心结，孩子才能顺利地学习和成长。当然，每个孩子心结形成的原因是不同的，父母们的解决办法也应该是不同的。这就需要父母仔细地分析孩子形成心结的原因，因地制宜，对症下药，这样才能取得更好的效果。当然，更为关键是防患于未然，别让孩子形成心理问题，这比我们想办法解决孩子的心理问题更有效。那么，如何防止孩子形成心理问题呢？

一是要保持对孩子人格的尊重。家长不要以为孩子是自己的，孩子小，就可以随意地批评说教。要知道，孩子是独立的个体，是有尊严的，批评孩子是应该的，但必须尊重孩子。尊重孩子，就不能对孩子说有辱人格、有伤自尊的话。"你没出息"、"你不可救药"、"你是猪脑子"、"早知你这德性，就不该生你"……这些有伤孩子尊严的话千万不可对孩子说。

二是对孩子进行适当的挫折教育。让孩子适当经受一些挫折和困难，比如，学习生活中遇到问题时，让孩子自己想办法去解决。这可以增加他们的自信心，即使没解决，也能增加他们承受打击的能力，这样以后遇到困难时，孩子就不会去逃避。不要以为我们家长是万能的，如果我们什么都为孩子做好，最后孩子遇到挫折和问题时，必然会败下阵来。

三是注意发现并引导孩子倾诉烦恼。家长更要及时发现孩子的烦恼，引导孩子说出自己的心里话。这就需要家长平时和孩子多沟通，养成亲子间常沟通的习惯。这样，孩子有烦恼，才能主动和家长沟通、倾诉。当然，也要引导孩子交几个知心的朋友，自己出现烦恼时也可以找伙伴和朋友们发泄情感上的不快，有利于孩子心理问题的疏导。

四是顺着孩子的兴趣培养孩子，让孩子做自己感兴趣的事，家长不要把自己的意愿强加给孩子。给孩子树立他感兴趣的大目标，也要树立小目标，让孩子有成就感，享受成功的快乐，这样孩子才更有信心愿意努力去做。

五是多鼓励孩子，给孩子自信。任何微小的成功，都能增强孩子的自信，所以孩子每做成功一件事，哪怕是写好一个字、作对一道题、得到一面小红旗，家长都可以把鼓励送给孩子："不错！""很好！""你真能干！"让孩子体会到成功的喜悦，会期望自己下一次做得更好。即使事情没有做好，家长也要给孩子帮助，"不要泄气，再努一把力就会成功！""我真为你骄傲！""没关系，失败是成功之母"……要用全面的眼光、用发展的眼光看待孩子，为孩子一点一点地积累自信。

36. 知情教育法
——心与心的沟通才是最好的沟通

今天，一提到孩子的教育，几乎所有的家长和老师都会长吁短叹："越来越难！""没法和孩子沟通和交流！""你说什么人家不听！""主意正得很！"如何能走进孩子的内心世界，了解他们真实的思想，这是让许多家长最感困惑的问题。让孩子了解实情的"知情教育法"，让沟通更有实效。

【草根实践】

2009年，18岁的张强以高分考入了北京师范大学。一时间，亲戚朋友都来道贺，因为在这个偏远的小村子里，几年来，张强是考得最好的一个。儿子中了"状元",做小学老师的爸爸也跟着荣耀。回想起儿子的成长过程,爸爸感慨万千,感触最深的就是教育孩子,一定要讲实话、说实情。他的"知情教育法"让孩子获得了学习的动力。

张强初中毕业时,以优异的成绩考入了县里的重点高中。因为离家远,张强在学校寄宿,半个学期才回家一次。那时,爸爸尽最大的努力,每月保证他的基本生活费200元。读高二的上学期,爸爸像往常一样,给儿子送伙食费,但是这一次爸爸只送去了100元!爸爸告诉儿子:全家五口人,全靠自己当小学教师每月650元的收入维持生活。奶奶上个月生病住院还借了1000元,这个月还500,下月再还500。给你100元,全家人只有50元做生活费了。

想不到国庆节张强回家对爸爸说不想上学了,说村里同龄的伙伴一大半都打工去了,要爸爸也给他找个工作。爸爸问他为什么,张强坦率地说:"家中太困难了,靠爸爸一人的微薄收入实在难以维持,如果我不上学了,打份工,不仅不需要从家里拿钱花,还能贴补一下家用。这样爸爸负担能减轻一些!"

听了儿子的话,爸爸真是从内心里感到一种欣慰,但同时也感到必须打消他这个念头。

爸爸说:"好吧,现在我可以给你找个私人办的厂。不过,要进那个厂,首先要交2000元的押金。"

张强着急地说:"我有2000元就继续上学了!"

爸爸说:"丢下这2000元不谈。就算特殊照顾吧!挣钱最多的是厂长,你就当个厂长吧!"

张强说:"我没这个本事。"

爸爸说:"那就跑业务吧。走南闯北,靠嘴皮子谈成几笔业务,也可以多赚点钱!"

张强说:"我没这个胆量,也没这个口才。"

爸爸笑笑说:"那倒也是。去年我有个同学到外地去了,在一家工厂当了车间主任,抓抓生产也不错。"

"我没有技术。"张强无奈地说。

"好了，儿啊！眼前摆着三条生财的'光明大道'走不了！任人唯贤，量材用人，你什么都做不了！而今你已读高中二年级，学习基础不差，初三时数学竞赛全县第一名，全县就你一个在省里荣获三等奖。如果再发奋苦读几年书，将来大学毕业，当个工程师什么的，就大不一样了！现今的社会，是文化的社会、科技的社会、竞争的社会。人若无才，甭说干一番事业，就连个立足的地方也难找；即便一时有了，也不牢靠！这道理并不难懂。"

"退一万步讲，你中途停学，让爸爸给找份工作，爸爸就是磨破了嘴皮子跑断了腿只怕也没什么用。爸爸只是个小学农村教师，无权也无钱，我能上哪儿'找关系'呢？你应该死了'退学'这条心，'破釜沉舟，背水一战'，苦读中求生存，苦读中求发展！即使眼下全家生活紧些，只要你能有出息，我们也心甘情愿！"

爸爸知道，这些道理以前不是没讲过，可此时此刻这么一说，儿子似乎很能听进去，颇有触动，第二天便拿着书包上学去了，临走时说："爸爸，我知道怎么做了。"从此张强再也不提退学的事了，一心埋头学习。学习成绩也是稳稳上升，高考时取得了理想的成绩。

【草根智慧】

受几千年来封建传统文化的影响，父母和孩子之间的鸿沟问题，一直少有父母能解决好。过去，在父母眼里，孩子必须无条件服从父母，否则就是打骂、训斥。今天，父母大都对孩子民主一些了，但绝大多数父母还时时保持着自己的威严，不愿意在孩子面前掉架，动不动就拿出家长的身份来教训孩子，也因此使得一些父母的教育收效甚微，甚至引起孩子的逆反。所以要和孩子进行有效的沟通，放下家长的架子和孩子说实话是很管用的办法。

故事中张老师教育孩子的方法很简单：一定要讲实话、说实情。他的实话、实情给孩子的震动很大。虽然是简单的实话、实情，但张老师却是用了一定的方法说出来。他先给儿子指明几条路，在儿子感到都做不了时，说出了实话、实情，起到了应有的作用。由此看来，教育孩子的方法还真需要我们做家长的细心的体会、琢磨。是的，亲子间沟通的办法有很多，但是，真正要达到沟通的目的，真情实感很重要。因为这样把父母和孩子摆在了一个桌面上，更容易让孩子理解父母。

　　这里的关键是要忘记自己的父母身份。与孩子心灵沟通的钥匙，掌握在家长的手中，那就要看家长是否愿意放弃自己所谓威严的身份，忘记自己是家长，与孩子真正交朋友，走进孩子们的兴趣中去，尊重孩子，与孩子一起学习、成长，孩子就会向家长敞开他们心灵的大门。现在的孩子应该说是与父母共同成长的一代，许多孩子在某些方面甚至比家长懂得的都多。讲实情，说实话，心与心相通了，教育才会有意义、有效果。

37. 四种镜子教育法
——多角度看孩子

　　俗话说，孩子是自己的好，可是很多时候家长却经常对自己的孩子说："你看人家谁谁谁，学习又好，又懂事又听话，你有人家一半的优点就好了！"说来说去，搞的孩子没有自信，父母和孩子的关系也紧张起来。其实，做家长的应该注意多角度地观察孩子。不要总盯着孩子的不足和错误，要善于发现孩子的努力、优点、成绩，看到孩子点点滴滴的进步。

【草根实践】

　　孩子在成长的过程中，总有不尽如人意的地方。倩倩的成长过程就不是很顺利，倩倩的爸爸妈妈在家庭教育过程中也总有烦恼发生。

看着别的孩子的妈妈似乎都游刃有余地履行着母亲的职责，倩倩妈妈不由的发出感叹：自己怎么当妈妈当得这么累呢？倩倩4岁的时候，妈妈和一位当老师的朋友说了自己带孩子的烦恼，朋友劝她要学会用平面镜、放大镜、潜望镜、望远镜这"四种镜子"看孩子，这对孩子的成长更有利。倩倩妈妈很感兴趣，还和朋友详细了解了什么是"四种镜子"，还进行了具体的学习研究。就算有病乱投医吧，妈妈决定拿自己的女儿倩倩做做实验。

倩倩不管干什么动作都比较慢。在幼儿园，其他小朋友一分钟能拍球10多个，倩倩总也拍不过小朋友的一半；别的小朋友一分钟能跳绳20次，她连10次也跳不了；做手工，每次在幼儿园都做不完。妈妈很着急，因为这些事没少批评、训斥倩倩，但是也不见效。妈妈想，这回用"四种镜子教育法"试试。妈妈用上了放大镜，努力寻找孩子的优点，并开始耐心细致地引导倩倩，妈妈和老师沟通，让老师适当地降低对倩倩的要求，别人做10个，要求倩倩做8个，老师就表扬她，让倩倩努力一下就能达到目标，倩倩为此有了成就感。妈妈也在倩倩有一点进步时，及时地鼓励，这也使得倩倩更有信心了。两年后，上大班的倩倩每次的手工作业都得到老师的表扬。

这件事对妈妈的触动很大，妈妈得出了这样的结论：用放大镜看孩子的优点和进步，用赞美孩子的优点来克服孩子的不足，孩子就不会是笨的，孩子也会慢慢改变自己的不足。

刚上学时，倩倩很怕写字。她不明白字的大小、比例问题，常常是字很小，框留得很大，擦来擦去，有时候写得一团糟。可是，妈妈并不着急，每次倩倩写字，妈妈都告诉倩倩不要着急，细心地找到一些优点，找到写得最好的字，然后给倩倩真诚地赞赏，渐渐地倩倩有了兴趣，也找到了写字的感觉。她的字一点点有了进步，三年级时，还被选送到学校的书法展。这是妈妈的望远镜教育法，给孩子时间，相信随着时间的推移，孩子会做好。

几个妈妈带着自己的孩子在小区内见面闲谈时，林林妈妈总喜欢在这个时候让林林背唐诗、说英语、表演珠心算，每次都能得到大家热烈的掌声和善意的夸奖。这时候倩倩就不高兴了，因为这些都不是她的强项。妈妈教育倩倩，其实林林也有缺点，林林从来不愿意和别人打招呼，自己动手能力弱，鞋带开了都得妈妈系。但倩倩对人有礼貌，自立能力强。听到妈妈这样的表扬，倩倩马上高兴起来。

妈妈知道，这是自己用了平面镜教育法，在和别人的孩子比较时，把别的孩子和自己的孩子放在一个平面镜前，看到真实的孩子。既看到别的孩子的优点和缺点，也要看到自己孩子的优点和缺点。妈妈表扬倩倩的长处，倩倩把自己长处的地方做得更好，自己的短处也一点点克服了。

倩倩没有什么特殊的爱好，因为妈妈喜欢收集一些邮票，倩倩也就和妈妈一起喜欢上了邮票，她喜欢邮票和别人还不一样，她更喜欢研究那些花花绿绿的邮票，没事就把妈妈的邮票拿出来看，一张一张地琢磨。开始她照着邮票画，后来就按着自己的想法画，而且乐此不疲，有时候一画就是几个小时。爸爸担心这样会影响学习，妈妈跟爸爸说，我们要沉下心来，用潜望镜看孩子，孩子喜好这件事，也许孩子就会在这上面有点出息，支持孩子玩吧。妈妈的鼓励和支持还真有了效果，在学校组织的小发明小设计大赛上，倩倩设计的邮票还得了奖。从此，倩倩就更喜欢研究她的邮票了。

【草根智慧】

"四种镜子"教育法，告诉我们家长，教育孩子要用平面镜、放大镜、潜望镜、望远镜。

用平面镜看真实的孩子，既看孩子的优点也看孩子的缺点。不要拿自己的孩子和别人的孩子比，但是我们的一些父母们在一起，总免不了谈及自己的孩子。中国人谦虚的特点又决定了爸爸妈妈们嘴里说的都是孩子的"不好"，表面上如此，实质上家长们还是把自己孩子的长处优点拿出来炫耀。更多的父母在跟别人的孩子比较的过程中，总是看别人孩子的长处，看自己孩子的短处，越比较自己越泄气。所以，我们需要客观、全面地评价孩子，我们需要看到孩子的优点和长处。我们要相信孩子，说不定在未来的某一天，我们的孩子比我们拿来比较的孩子都要出色。

用放大镜找孩子的优点和长处。每个孩子都有各种各样的毛病：经常做错题、字写得一团糟、和小朋友闹矛盾、上课打闹、不完成作业，等等。这些，我们都不应该抱怨孩子，更不应该总是批评孩子。要及时给孩子鼓励。我们要想，孩子刚上学时一道题都不会，刚开始写字时笔都不会拿，现在已经进步多了。所以，我们要用放大镜多找找孩子的进步之处，多看看孩子的优点，这样，我们就会为孩子的进步而高兴。

用潜望镜看孩子的另一面。孩子总有他自己独特的一面，或者想的问题总和别人不一样，或者做的事情让家长不理解……这些，家长都不要为此大伤脑筋。此时，我们需要沉下心来看孩子。要知道，创造性的人才往往都和别人不一样，让孩子做他想做的事情，也许孩子会做得很出色。

用望远镜看孩子的未来。孩子们各有各的特点，有的家长会看到人家的孩子有礼节懂礼貌，我们的孩子见人不知道说话；人家的孩子安静乖巧地玩，我们的孩子玩得满地打滚；人家的孩子会弹琴画画，我们的孩子学个书法都学不好；人家的孩子得满分，我们的孩子才得90分……其实，这时候我们需要用望远镜，往前看，再往前看，往远看，再往远看。给孩子时间，正如爱因斯坦小时候很笨，但却不影响他后来成为伟大的科学家一样，要知道，孩子是会发展变化的。

很多家长，只会抱怨孩子这样不行，那样不好。这不是孩子的错，如果我们能多学习使用望远镜、平面镜、放大镜、潜望镜，看孩子的纯真、看孩子的优点，从另一角度去看孩子，我们的孩子就都是好孩子。

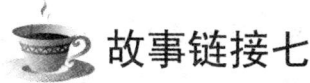

故事链接七

像水一样流出大山
——作家陈忠实的故事

每个孩子都有自己的梦想,出生在陕西西安一个农民家庭的孩子也不例外,他从小就喜欢语文,立志考上大学中文系成为一名职业作家,然而往往事不遂愿,命运却和他开了一个不小的玩笑。因为这个玩笑,使他费尽周折才遂了自己的心愿。

他和哥哥俩人学习都很好,所以,平时也比着劲儿地学习。当他正信心满满地按照自己的既定目标而努力时,身为农民的父亲因为供养两个学生力不从心,没办法,不得已做出了一个影响他一生的决定:为了缓解家里经济上的压力,让他的哥哥先考学,让他暂时休学一年,等哥哥考上学再说。然而,世事难料,哥哥考上了师范,他停了一年才上学,就是一年的时间,国家的高考形式却发生了变化,待他高考时,大饥荒和经济严重困难迫使各高等学校大大减少了招生名额。前一年,学校有一半的学生考上了大学。而这一年,学校近200人参加考试,考上大学的不超过10人。成绩位于班级前三名的他也是名落孙山。

没有考上大学,他所有的理想和对未来的憧憬好像都在高考揭榜后的那一瞬间崩塌了。上不了大学,怎能实现自己的作家梦?他不知道自己以后的路应该怎么走,自己的人生会是什么样。很长一段时间他都失魂落魄、六神无主,他的整个世界变得越来越黯淡了。高考失败对他的打击太大了,多少次晚上睡觉,他都从用烂木头搭成的临时床上惊叫着跌到床下。

沉默寡言的父亲开始为他担心起来:"考不上大学,可别再得个精神病什么的。"为了减少点他的压力,父亲领着他帮助自己干活。边干活边开导他。一天,父亲领着他去伐树,当来到一个小河边时,父亲好像想起了什么。停下脚步问他："你知道这水是怎么流出大山的吗？"他根本无心思考这类问题，看看父亲，茫然地摇摇头。父亲像是自言自语地缓缓地说："水遇到大山，碰撞后，不能把山冲垮，不能越过它，就学会转弯，绕道而行，借势找到自己的出路。"听到父亲这样说，他看了看父亲，知道父亲好像没有把话说完。父亲看到他注意听了才又接着说："看看这水，即便流动时遇见了深潭，但是不忘流淌，不断积蓄活水，一起向前奔流，最终找到出口。"父亲接着又说："记住，孩子，困难的旁边就是出路，是机遇，是希望！"

父亲的一席话令他顿时茅塞顿开，从此，他走出了高考失利的阴霾。

之后，他曾先后到一个乡村小学、公社的中学当老师。后来，又历任文化馆副馆长、馆长。就这样为了实现自己的梦想，他如河水般不停地奔流着，终于一步一步地流出了大山，进入了陕西省作家协会。也正是这40年农村生活的积累，使他写出了大气磅礴、颇具史诗品位的巨著《白鹿原》。

他就是现代著名的作家陈忠实。成名以后，当有人问起该怎么面对困难与挫折时，他总是淡淡地说："像水一样流淌。"

智慧启迪

像水一样流淌，这是岁月积淀的智慧。水有它的坚韧，水滴石穿。只要我们不忘努力，也一样能够走出困境，到达远方，实现梦想。

第8章　需求教育，学习是孩子自己的事

　　一位哲人说："满足一个人的需求，是调动他积极做事的最有效的办法。"教育的最终目的是培养全面发展的人，促进社会和谐、自由地发展。适当地满足孩子的一些需求，特别是心理的需求，让孩子身心愉悦，变要孩子学习为孩子要学习，而不是强迫孩子学习。这样，孩子的学习才能取得更好的效果。

38. 满足式教育法
——适当地满足孩子的要求

社会在发展，人类在进步，竞争激烈，诱惑太多。要鼓励孩子参与竞争，但要帮助孩子抵制诱惑，要教会孩子节制欲望。今天的孩子容易狂妄，家长要让他们知道，世上不是什么想得到就都可以得到的。当然，孩子的合理要求是应予以满足的，很多的时候，孩子的要求是随心所欲的，家长的心中必须有个准绳，家长要充分利用好孩子的要求，让孩子在满足自己的要求时达到家长的目的。

【草根实践】

程程很调皮，妈妈有些犯愁，朋友说等上学了，在学校管教一阵儿，就能懂事了。

载着期盼，带着欢喜，妈妈终于送程程走进了校园。但程程入学一段时间后的表现，却令妈妈的一腔热情渐凉。因为程程学习非常不用心，常常是边玩边学，根本就没有进入状态。

看着程程这种学习状态，妈妈很着急。左思右想应该怎么办，找书读、查资料，有一天看到一本书写着培根说过的一句名言："习惯真是一种顽强而巨大的力量，它可以主宰人的一生，因此，人从幼年起就应该通过教育培养一种良好的习惯"。妈妈很受启发。妈妈就在琢磨，怎么想办法让孩子养成一个好习惯呢？开始的时候，妈妈就每天给程程讲古今中外名人小时候专心学习的故事，让孩子仿效故事中的主人公去严格要求自己。当妈妈讲到匡衡少年时凿壁偷光的故事时，程程不但不学习，反倒笑起来，现在到处都是电灯，根本就用不着去"偷光"。看来讲故事收效甚微，妈妈就来硬的，每天吃完晚饭，自己就坐在桌子旁边看着，监督程程写作业，开始的时候，程程埋头写作业，可坚持不了多长时间，还是一会儿玩玩笔，一会儿东张西望，不专心。

妈妈虽心急如焚，但也深知此时不能横加指责孩子，因为刚入学的孩子，一开始就让他对学习有畏惧和厌烦的情绪，那就什么也不用谈了。所以，妈妈决定放弃空洞的说教和赶鸭子上架的枯燥教育法，而是根据程程的年龄特点，采用相应的方法。

孩子很喜欢看连环画和动画片，妈妈就以此作为"诱饵"，对他实行"满足式"的教育法，培养他形成良好的学习习惯。一天，吃完晚饭，妈妈并没有像往常一样要求程程写作业，而是对他说："程程，这是我今天买的连环画，想不想看？"程程一看正是上周他想要买的书，非常高兴，"妈妈你太好了！"程程说着就要拿着看，妈妈没有立刻给他，而是说："你要是先答应我的条件，我才给你看。"程程连说好，"先让你看20分钟，然后写数学作业，如果写得合格的话，中间奖励看20分钟连环画，然后接着写语文作业。"程程觉得这个条件太容易实现了，就满口答应了。"说到要做到，做不到不允许再看连环画。"妈妈又和程程强调一遍。"一定做到！"程程保证说。程程看着连环画，时间到了，在妈妈的提醒下，程程开始写作业。开始时很专心、很认真，写了一会儿就又要有小动作，妈妈马上又用眼神提醒他。程程又很快精力集中了。写完了数学作业。妈妈马上让他看了20分钟连环画，程程很自觉地按时去认真写语文作业。就这样，程程第一次没有用妈妈没完没了的督促做完了作业。第二天，一放学，妈妈就告诉程程："8点左右有一部非常棒的动画片，如果你能做到在8点前把所有的作业都认真地做完，妈妈就会奖励你看这部动画片。"程程很期待，也认为他只要稍微努努力就可以达到目的，所以他很愉快地做完了作业，妈妈也决不食言，让孩子痛痛快快地看了一个小时的动画片。这样坚持了一段时间后，程程放学后已基本上能做到专心写作业了。

妈妈见办法有效，决定乘胜前进，在此基础上再用互动鼓励的方法引导程程不仅能专心地做完作业，而且还能做到主动去学习，少看电视，多去阅读。

妈妈买了一些故事、谜语之类的书，休息时或睡觉前和程程一起阅读。程程读一篇，妈妈读一篇，看谁读的流畅而没有错别字。妈妈有时故意读错几个程程已经学过的字，程程总是很兴奋、很得意地给妈妈指出来，而妈妈则及时鼓励程程学得真棒，连妈妈都要向他学习。这时程程会感到自己是多么的了不起，也感受到了学习的快乐。程程的学习越来越有劲了，许多时候不用妈妈再操心了。

【草根智慧】

在物质条件日益提高的时代，在很多家长都溺爱孩子的今天，孩子的一些要求很容易就得到满足。然而，美好的愿望却结出了酸涩的果子。过度满足的弊病，已经在这一代孩子身上显现了。由于家长的过度满足，使得孩子欲望泛滥，不能节制；形成了极端的"以自我为中心"的恶习。孩子总是充满了好奇心，总是不停地产生各种愿望，如果家长总是无原则地满足这些愿望，孩子就会觉得自己的意愿是最重要的，也是家长必须满足的，久而久之，孩子很可能变得自私、专横、无法与人相处。这些品性对孩子以后的成长是十分不利的。

但这并不是说不要满足孩子，只是不要"过度"，同时要讲究满足的技巧，让满足产生积极的作用。正如故事里的家长教育孩子那样，家长在满足孩子的要求时是有一定条件的，自己的事情做好，学习任务完成了，一些要求就可适当满足。或者满足孩子条件了，孩子必须要做好什么。这对孩子的要求是一种约束，对家长和孩子之间的沟通来说，形成了一定的规则，按着这个规则办事，孩子就容易接受管教。

当然，在运用"满足式教育法"时，家长还要注意弄清楚孩子提出的要求的真正意图。可以说今天的孩子都是鬼精灵，小脑袋里问题都想得很复杂。爸爸妈妈带4岁的女儿到商场去买东西，平常爸爸妈妈都会先和女儿说好给她买什么东西，不给她买什么东西。女儿也很乖巧，也不提更多的非分要求。那天到了商场，女儿看上了一副很漂亮也很贵的跳棋。妈妈觉得小孩子用不着玩这么贵的跳棋，所以不同意买。谁知那天女儿说什么也不走，坚决要买。先是在那儿站着不动，看到妈妈坚决反对后就开始哭。周围不少人都在看爸爸妈妈。妈妈看见女儿哭心里也挺难受的，但是一想要是同意给她买了，就是对自己刚才说的"不"的反悔，这是自己在教育孩子时最忌讳的。因此妈妈就狠下心来不理她，谁知道女儿越哭越厉害，爸爸想把她抱起来，女儿情绪很激动地不让爸爸碰她。最后，妈妈有些心软了，走过去把女儿抱起来，答应给她买跳棋。谁知女儿这时说了一句让妈妈直冒冷汗的话："妈妈，我不是真要跳棋，但是我以为你不爱我了。"原来4岁的女儿坚持在那儿哭，就是想证明妈妈是不是还爱她。

有些孩子提出某种要求只是表面现象，实质上他的心理需求却是另外一个问题，家长要学会研究孩子，在决定满足或者不满足孩子要求的同时，必须了解孩子的心理需求。

39. 积分教育法
——抓住孩子内心的需求

教育孩子最主要的问题是抓住并解决孩子的内心需求，这样才能使孩子的被动学习变成孩子的主动学习，调动孩子自我教育的积极性。"积分教育法"抓住了孩子内心的需求，将孩子的需求转化为孩子行动的指南，在较大程度上激发孩子的积极性，并可以帮助家长引导和规范孩子的行为。这种发自孩子内心的教育，才能够真正改变孩子。

【草根实践】

听到楼梯间的脚步声，8岁的童童就知道爷爷奶奶在外面溜达完要进屋了，赶紧打开门，并准备好了拖鞋，"爷爷好！奶奶好！这是爷爷的鞋，这是奶奶的鞋。"进屋后，又给爷爷奶奶倒上温开水，恭恭敬敬地递了过去。乐得爷爷奶奶直夸童童是个乖孩子，在旁边的爸爸妈妈也很开心。但一年前童童可不是这样，那时，童童脾气很倔犟，是个令人头痛的孩子。回想起童童的一些进步，童童妈妈认为这全得益于他们的"积分教育法"。

  过去吃饭时，童童不仅挑食，还要顿顿哄着她吃，只要有一点不如意，她就扔筷子摔碗。有一天早上，都8点了，童童刚起床，哭嚷着要买棉花糖吃。见她哭得伤心，妈妈便带她去买了。买了棉花糖她却不回家，说要去逛街，没办法，妈妈就带她去逛街，结果她看上了一个洋娃娃，非要妈妈买。妈妈以家里有许多洋娃娃为由拒绝了。结果是童童就往地上一坐，大声哭闹起来，任妈妈怎么劝说就是不起来，这一闹就是一个多小时。

  这件事对妈妈的影响较大，妈妈在想，对女儿的教育就是一场战斗，但是自己不能输，如果自己输了，孩子就毁了。妈妈在思考着如何把女儿的这些毛病改掉，正好在看教育频道时，有个老师介绍他是如何用积分法管理班级的。妈妈觉得很不错，决定对童童实行"积分教育法"。于是妈妈和家人及童童共同研究了一套积分法：每个月给童童一个基础分10分，每天，吃饭不挑食奖1分，晚上准时睡觉奖1分，洗次碗奖1分，自己洗澡奖1分，按时起床奖2分……饭没吃干净扣1分，乱发脾气扣2分……童童有了一定积分，便可以根据积分要求大人给她做些事情。比如，想要买零食，需要她拿5个积分来消费；想买书，需要5个积分；买玩具，需要15个积分。如果到月末童童还有超过10分，就再奖励他10分。如果她没有积分，就不能向大人提出要求。童童对这个积分法也很感兴趣，保证好好表现，多挣积分，自己可以多提要求。

  真是奇怪，孩子很快就有所转变，为了赚积分，童童表现得很积极，第一次挣够了分，童童提出买了一个玩具，妈妈二话没说就给买了回来，这更调动了童童的积极性。积分制度坚持实行了两年多的时间，童童养成了许多好的习惯。

【草根智慧】

　　调动孩子积极配合父母管教的积极性，这是比教孩子多少知识都重要的问题。"积分教育"实际上是一种鼓励教育，也是满足孩子精神需求的具体体现。"积分教育"主要在于规范孩子的行为，培养孩子良好的行为习惯。"积分教育"更是一种感恩教育，让孩子知道，自己的一切都是父母给予的，让孩子有一颗感恩的心。"积分教育"也是一种付出与收获的教育，通过自己的表现，挣得"分数"，让孩子从小就懂得有付出才能有收获。"积分教育"更是一种责任教育，表现不好，犯错误了要扣除积分，让孩子知道，自己要为自己做的事情负责任，每个人都要有责任感。习惯、感恩、责任、付出与收获……通过"积分教育法"让孩子知道还有比"积分"更可贵的东西。

　　当然，使用"积分教育法"，家长一定要坚持，不能三天打渔两天晒网，更不能半途而废，而且积分条件的设置要让孩子觉得相对容易些，并且符合孩子生活的实际。有了"积分教育法"，家长可以更好地用"积分"来约束孩子，少了许多责骂孩子的机会。一切按规则来，父母和孩子的心情都顺畅了。当然，要给孩子成就感，不能总是叫孩子得负分，使孩子没了兴趣，"积分教育法"就失去了意义。对数字不敏感的孩子，可以用小红花、小红旗来代替。这种办法，孩子会更喜欢。

40. 把关教育法
——让孩子自觉地学习

　　许多家长都有这样的体会，孩子刚上学时，作业都要跟着操心。

一些家长检查完孩子作业，发现错误以后，就立即指出，并说出答案让孩子改正。这样的结果，孩子就只管做作业，而不问对错，反正有爸爸妈妈帮我"把关"。久而久之，孩子很容易失去自我判断作业正误的能力，同时也养成了学习的依赖性，对学习会产生不良的后果。"把关教育法"主要是要培养孩子的一种习惯。

【草根实践】

小学毕业时，晓宽因为各方面表现都非常优秀，被选拔到重点中学读书。晓宽的妈妈直到这时才松了一口气。回想晓宽能取得这些成绩，这完全是因为妈妈的"把关教育法"的结果。

因为晓宽的爸爸在外地工作，只有妈妈自己带着晓宽。所以，妈妈一刻也不敢放松对晓宽的教育。从上小学开始，妈妈就严格地为晓宽把关。晓宽每次做完作业后，不管多忙，妈妈都要进行检查。但是妈妈有一套自己的办法，每次检查作业，发现字写得潦草，就要晓宽重新抄写一遍，作业有问题时，妈妈从不告诉晓宽结果，只是告诉他有问题，至于如何错了，错在哪里，这样的问题都叫晓宽自己处理。

一次，妈妈因忙着写一个材料，一直忙到九点多，忙完后像往常一样打开晓宽的作业本，发现老师在一道题上打了个大大的叉，写有"重做"两个字。接着往后看，晓宽将这道题重新做了一遍，但是重做的结果和原来一样，仔细一看，这道题也没有发现错误之处。那为什么老师要打叉让他重做呢？找来课本一对照，原来是抄错了题。

当时晓宽已经要睡觉了，可妈妈还是把晓宽从被窝里叫了起来，没有说抄错题的事，只是让晓宽再检查一遍。晓宽检查了一遍，并没有发现问题，就说没有错。

妈妈说："没有错？那老师为什么打了叉还要你重做呢？"

晓宽又检查了一遍，还是说没错，自己也感到很疑惑。

"老师批错了？"妈妈平静地说："好好再看看。"

晓宽两眼瞪得大大的，显得有点无辜，明明自己是对的，而且已经检查了好几遍，为什么还要说错了呢？猛然想起什么，打开课本一对照，才知道抄错题了，马上更正了过来，妈妈也及时地表扬了他。

就是这样，妈妈对晓宽的学习严格把关。不但如此，妈妈在学习以外的其他方面对晓宽也是严格要求，不允许他稀里糊涂地做事。妈妈认为，对学习问题，不是简单的对错，也不是简单的对抄错题的改正，首先，是对孩子进行独立思考、培养自我判断能力、提高自信心的磨炼。更主要的是培养孩子的一种意识，一种学习不可以有半点马虎的意识，更培养孩子做事认真的习惯。由于妈妈的严格要求，晓宽平时学习做事严格要求自己、认真踏实、有板有眼。也因此，晓宽在学校的综合表现获得了老师和学校的好评。

【草根智慧】

许多家长不知道如何帮助孩子学习，孩子在学校的教育家长无法亲自管理，但在家里写作业则是自己可以管教的，所以他们总想要"主宰"孩子的家庭作业，甚至一些家长帮助孩子写作业。从长远来看，家长帮助孩子完成家庭作业，对孩子没有什么帮助。大量事实表明，即使孩子单独做的作业不是很好，得分也不高，但孩子的学习能力却得到了培养和锻炼。

老师之所以让孩子做家庭作业，是为了让孩子的技能得到发展，如收集、归纳和自我管理，等等。家长从旁给予指导，而不是亲自登台，这样孩子才会在发展这些技能中受益。对于孩子的家庭作业，家长应该做的是，为孩子营造学习环境，帮助孩子制订计划，安排时间。当孩子逐渐长大的时候，家长就应该逐步"隐退"。那时，家长就会看到孩子已经掌握了所有的技能，并且可以很好地利用这些技能，出色地完成学习任务。

身为家长，可以把孩子的家庭作业看成练习的机会，通过练习让孩子建立自信心。这个过程需要很长的时间，家长必须要耐心，而且及时掌握孩子学习的知识。

有的家长，每天孩子做作业时都陪着。使有的孩子养成了做作业时的依赖心理，家长不给念题，自己就不做，家长不给解释，自己就不动脑去想，家长在旁边说多了还烦。所以，形成了做作业拖拉，粗心大意、马马虎虎的习惯。这种学习态度和不良习惯制约了孩子的进步。有的家长在孩子完成了学校的作业后，还给孩子布置其他任务，这时孩子为了逃避其他的作业，就对老师布置的作业慢慢磨，慢慢地就养成了孩子做作业拖拖拉拉的习惯。

要想让孩子自觉学习，就应该放手让他自己做作业，不要时时刻刻陪着他。学习绝对是孩子自己的事，父母要先帮孩子树立这样的观点。

把关教育法，重在培养孩子的习惯。要知道，孩子一旦能自觉做好家庭作业，并养成习惯，对于他今后事业的成功、人生的发展的帮助，远比我们想象的要大得多。

41. 淡化成绩教育法
——成绩并不代表一切

孩子对自己的考试成绩都是很重视的，每个孩子都希望自己在考试中取得好成绩。但是，并不是每个孩子都能当"常胜将军"。即使平时学习非常努力认真，学习水平很高的孩子，也难免因为各种原因"马失前蹄"。有时候，付出多少，并不是就能收获多少。这时候，需要家长的正确引导，坦然面对考试的结果最重要。

【草根实践】

培培的爸爸妈妈经常学习和研究家庭教育问题，懂得不少家庭教育的知识。所以，从培培上小学一年级起，爸爸妈妈就商量，孩子的每一次大小考试，都不在考前要求孩子，考后立刻问考试的情况，除非他自己主动说。不管孩子考试成绩怎么样，只要他努力了就可以。于是在孩子整个小学期间，爸爸妈妈兑现了自己当初的承诺。尽最大可能来淡化考试给孩子带来的心理压力，也没有因为培培没考好而训斥、打骂培培。

培培在快乐的氛围中度过了他的童年。很快，培培就进入了市里的一所重点中学就读。在初中阶段，爸爸妈妈给他买了一些有益身心健康成长的课外书籍，鼓励他挤出时间去读书、去思考。根据他的爱好，在初二暑假期间爸爸妈妈还给他报了一个吉他班，并鼓励他在学习累了的时候，弹弹吉他放松一下心情。中考时，别的家长都去陪伴，培培这三天都独自骑车往返，爸爸妈妈也没有特殊和他强调什么，让他觉得和平时考试一样。培培以优异的成绩为中考画上圆满的句号，爸爸妈妈则鼓励他再接再厉向更高的目标登攀。

进入高中，随着课程的增加，培培的学习压力越来越大。考试不理想时，爸爸和妈妈总是鼓励他，"不管什么考试，平常学习努力，考试时尽力了，那么不论结果如何都是我们的好孩子。"每个周末，只要天气允许，爸爸就鼓励培培和同学一起去打打球。高三那年的五一，离高考只有两个月了，学习时间已经紧张到了极点，爸爸妈妈却鼓励培培和他们一起去远方的城市看海，让培培在沙滩边，欣赏着大海的平静与波澜，在快乐中度过了三天。高考时，培培坚持独自骑车往返。看着孩子坦然、自信的表情，爸爸妈妈知道培培一定会有不错的成绩。考试第一天的早晨，妈妈实在忍不住，悄悄地骑车跟在培培的后面，并像大多数家长一样静静地守候在考场的门口。上午考完试，培培和另一个同学一起说着、笑着从考场中走出来，看着孩子那充满阳光的笑脸，妈妈的心里很激动。

拿到重点大学录取通知书的那天中午，爸爸妈妈提议去一家饭店庆祝一下。培培举起一个装满可乐的酒杯，站起来恭恭敬敬地给爸爸妈妈行了个礼，对爸爸妈妈说："感谢爸爸妈妈这么多年对我的尊重和信任，你们教会我如何正确对待考试中的失败与成功。"爸爸妈妈尽最大努力来淡化考试给培培带来的压力。这一切极大地增强了培培的自信心，使得培培成功地迈进名牌大学校门。爸爸告诉培培："上大学只是自己人生道路上又一个新的起点，脚下的路还很长，还将面对学习、生活中各种各样的考试。"培培让爸爸放心："一定都把这些试考好，给爸爸妈妈一个优秀的成绩。"看着培培这样自信地对待自己未来的人生，爸爸妈妈心里更是十分的高兴。

【草根智慧】

许多家长都没有意识到，对孩子的分数要求过高会造成超重压力，使孩子精神失衡，结果反而发挥失常。而且，成长期的孩子常常有夸大压力的心理倾向。比如，家长不断鼓励孩子得高分，孩子可能理解为家长不允许他有一点点的滑坡和失误。所以，我们不妨明确告诉孩子，并不要求他达到完美的标准，只要努力了，父母就会满意。

许多伟大的人物，一些著名的科学家，中小学时学习都没有特殊的地方，有的还很不好。所以，分数的高低并不是评价一个孩子优秀与否的唯一标准，分数只能体现一段时间的学习成绩，并不能代表完全的成绩，所以也就不应该仅拿分数来衡量孩子学习的好坏。两个孩子相差一定的分数，也很难说分数低的孩子今后就一定不如分数高的学得好。同时，考试有很多不确定的因素，比如情绪、题目的难易程度、答题时的注意力，有无其他因素的干扰，等等，这一次分数和前一次分数也没有可比性。

所以，家长要明白分数背后有很多因素，改变看分数单和以分数论英雄的做法。考试过后，不要天天催问："分数单发了没有？"不给孩子更多的分数压力。同时，引导孩子正确对待分数，让孩子明白考卷不能判定和决定一个人的价值。家长应体谅考试没考好的孩子，不要让孩子因为分数不好而愁容满面，不要使孩子成为分数的奴隶。

所以，在运用"淡化成绩教育法"时，要注意下面的一些问题。当孩子主动将分数单给家长看时，不管考得好与坏，尤其是考得不理想时，家长应保持平静的态度。这时家长可以说："你主动把分数单给家长看，很好。现在我们一起来分析分析这次考试情况，好吗？"当孩子迟迟不愿意把分数单拿出来时，家长也不必发脾气。这时可以启发他："这次考试应该总结一下，你自己先分析分析，今天或明天晚上咱们再一起研究研究。"孩子成绩不好，要采取理解的态度："这次没考好，咱们再努力。相信你能自己总结经验教训。"

曾经有人用"分，分，学生的命根"来形容分数对于正在上学的孩子的重要性。在一些父母看来，教育的目的就是让孩子考大学、考研究生、出国留学，等等。但是我们只看到了教育的表面现象，这绝非是教育的最终目的。教育的根本目是要培养全面发展的人才，让孩子在实现自身价值的过程中感受到幸福和快乐。所以，不能用分数把孩子压垮。

42. 主动学习教育法
——变要孩子学习为孩子要学习

"要孩子学习"和"孩子要学习"是相同的5个字，只是位置调换了一下，但效果就完全不一样了。主动学习的习惯，本质上是视学习为自己的迫切需要和愿望，坚持不懈地进行自主学习、自我评价、自我监督，必要的时候进行适当的调节，使自己的学习效率更高、效果更好。学习累不累，学习很累。主动学习实质上是"我要学"。有了"我要学"，学习才不会感到累，学习才有劲头。

【草根实践】

林林是2009年某市的理科高考状元。如何培养出状元孩子？林林的父母给千千万万望子成龙、望女成凤的家长们提供自己宝贵的经验：孩子的成功不是靠压制出来的，而是要顺其自然，给孩子宽松的家庭教育环境，让孩子学习他自己感兴趣的东西。是他们的"主动学习教育法"帮助孩子获得了成功。

林林从小就是一个很自觉的孩子，在他的成长过程中父母没有刻意去管他，对他的教育是比较宽松的。他们只是给林林灌输一个思想：学习是你自己的事，别人谁也代替不了，学习是为了你自己，跟别人没关系。所以，林林从上小学开始，心里始终就有这样的概念：学习是自己的事，我为自己学习，所以，林林学习比较主动。林林的父母的工作都比较忙，也没有时间陪他学习，也没有给他提什么特别严格的要求和施加很大的压力。对林林的教育他们都是以引导为主，要求林林尽力去完成学习任务就行。虽然没有太大的压力，但林林能够主动学习，这也就达到了爸爸妈妈的目的。

林林在课堂上的学习效率很高，所以回家后也不用开很晚的夜车。当天的学习任务完成后，除抽出一些时间进行复习和预习外，爸爸妈妈就让林林尽情地玩一会儿，让他尽情放松自己，劳逸结合使得林林学习达到最好的效果。他们觉得，当孩子觉得父母在尊重他的时候，他也会尽自己的努力把学习搞好回报父母。

很多家长从小就让孩子上这样那样的兴趣班培养孩子的特长，但林林的爸爸妈妈也没有特意让他上兴趣班。林林最喜欢最感兴趣的科目就是数学，他们就鼓励林林对数学多用些工夫。林林高考时数学得了145分，考取了市里高考理科数学第一名。林林的父母觉得："孩子不喜欢的东西，你逼他去学，他不但学不好，反而会有逆反心理。他感兴趣的东西你让他多学一点，他自己也高兴学，也带动了别的学科学习。

林林很喜欢读书，爸爸妈妈觉得学校发的辅导书已经够用了，所以从小学到中学，他们没有为林林购买过一本教学辅导书，而是买了很多课外读物。尤其是科普、自然、人文等方面的书，林林读了很多，这不但没有影响他的学习，反而还拓宽他的知识面，并且这也是林林感兴趣的，爸爸妈妈也非常支持他。

宽松的学习环境，使得林林养成了良好的学习习惯，获得了优异的成绩。

【草根智慧】

任何一个正常的孩子都愿意主动学习他不知道的知识，为什么随着孩子的长大，很多孩子不愿意学习了，由开始的"我要学"一点点变成"要我学"，最后变成"我不学"。原因是家长的做法告诉他们学习是件痛苦的事情。为了孩子考高分，为了孩子考大学，一些家长让孩子把所有的时间和精力都用在学习上，剥夺了孩子除生存和学习之外的一切权利，孩子本来就对学习有些厌倦，表现出不愿意学习的情绪，这时候，家长却逼着孩子学，打着骂着学，孩子就更加感到学习是痛苦的事。

我们可以细回想一下，孩子开始上学的时候，都喜欢做作业的，是我们家长不懂方法，造成孩子厌烦作业，厌烦学习。原因是每当我们的孩子做作业遇到问题时，我们都逼孩子，骂孩子，打孩子，孩子每次做作业都生气、哭泣、痛苦不堪。孩子今天学习痛苦，明天学习痛苦，天天学习，天天痛苦，于是在孩子的大脑里就形成了一个神经链的连接，即学习＝痛苦。孩子一做作业就痛苦，一学习就痛苦，甚至一进书房就痛苦了，一往学校走就痛苦。这是我们家长"训练"的结果，孩子的厌学是必然的。

有人用踢球作比喻说，踢球累不累？但孩子喜欢。因为踢球的时候，只要他愿意，他就能主动、积极地发挥作用，而不是被动接受。伴随着汗水、欢呼、孩子的球都会越踢越好。学习也是同理，对于主动学习者而言，学习的过程是一个探究的过程，遇到困难时，他会调动全身的细胞来寻求突破的契机。主动学习时，学习是一项非常有趣、愉快的活动，学习的效率就高，别人需要学几遍才能学会的内容，主动学习的人只需要学一遍就可以了，因此时间对主动学习者来说就相对较为充裕。而对于被动学习者而言，由于学习中缺少了主动探索的精神，每天上课、做作业总是处于被动状态，因而学习时感到枯燥乏味，本应一遍就能学会的东西，因为注意力不集中，结果需要花数倍的时间，所以每天都感到时间很紧。精神上再稍做放松，抄抄别人的作业以应付老师，上课和别人说说话，不注意听讲，遇到难题了不求甚解，天长日久问题越积越多，再想赶上别人，已经力不从心，最终有的人就只好放弃了。

在主动学习的过程中，孩子是学习的主人，是为自己学习，家长的引导和孩子的努力，两个力的方向一致，合力最大，因而效果就好；被动学习时，孩子是学习的奴隶，是为家长学习，他的脑筋动在如何应付家长上，家长和孩子两者的力方向相反，相互抵消，合力最小。孩子虽然也在学，但根本就没有往心里去，所以效果就差。

主动学习的本质是变"要我学"为"我要学"。过去讲"十年寒窗"，学习是极其辛苦的事。一个孩子，若他总处于"要我学"的境地之中，学习对他来说永远是一个减不完的负担；若他能有"我要学"的志向，学习对他来说，则可能是一种乐趣。"我要学"是一种良好的情感，有了良好的情感，就会感到学习是十分有趣的，不觉得是一种苦役、一种负担，而是一种需要、一种享受。

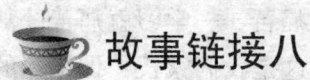 故事链接八

成功需要付出八倍的辛劳
——美国前国务卿赖斯的故事

美国前女国务卿赖斯10岁时全家到首都游览，却因为黑人的身份，而不能进入白宫参观。倍感羞辱的小赖斯，咬紧牙关凝神远望白

宫良久，然后回身一字一顿地告诉父亲："总有一天，我会成为那房子的主人！"赖斯的父母很赞赏她的志向，经常向她灌输这样的思想：改善黑人状况的最好办法就是取得非凡的成就。如果你拿出双倍的劲头往前冲，或许能赶上白人的一半；如果你愿意付出四倍的辛劳，就得以跟白人并驾齐驱；如果你愿意付出八倍的辛劳，就一定能赶在白人前头。

为了能"赶在白人前头"，她数十年如一日，发奋学习，不断扩大知识积累，增长才干。她除母语外，又熟练掌握了三门外语，考入了著名的丹佛大学，并拿到了博士学位；26岁她就成为斯坦福大学最年轻的女教授，随后又出任斯坦福大学历史上最年轻的教务长。她除了有渊博的学识外，还多才多艺，她学习了网球、花样滑冰、芭蕾舞和礼仪，她的钢琴弹得很棒，曾获得过美国青少年钢琴大赛的第一名。为了使自己更出色，她要求自己凡是白人能做到的她一定要做到，就是白人做不到的她也要做到。天道酬勤，终于她成功地脱颖而出。赖斯兑现了自己儿时的诺言，成为了美国历史上的第一位黑人女国务卿，她可以堂堂正正地走入白宫。

赖斯用了短短的二十年时间，从一个备受歧视的黑人女孩成为著名外交官员，奇迹般地完成了从丑小鸭到白天鹅的嬗变。有人问她成功的秘诀，赖斯简明扼要地说，因为我付出了"八倍的辛劳"。

智慧启迪

成功需要比别人多付出八倍的努力，更关键的是自己要知道为什么要付出八倍的努力，要知道一切的努力都是为了自己。

第9章　逆向教育，要勇于打破常规

　　信息时代，孩子们接受了许许多多应该和不应该接受的东西，他们的思想发生了深刻的变化，有许多在过去很管用的正面教育对他们已经不管用了。相反，一些不按常理的教育方法却起到了很好的效果，逆向教育法就起到了正面教育起不到的作用。

43. 累积教育法
——只管耕耘，不问收获

"累积教育法"蕴含教育学上最普遍的原理，即"累积效应"的原理。"累积教育法"关注的是记忆中由量变产生质变的必然联系，应用的是量的积累到一定程度才能发生质变这一哲学原理。孩子的学习也是一个从量变到质变的过程，经过一定时间的学习，达到一定量的知识的积累，学习才能见成效。

【草根实践】

年仅7岁的思佳就能将《老子》、《中庸》、《论语》倒背如流，被誉为"国学童子"，这要得益于思佳爸爸的"累积教育法"。

思佳在1岁多的时候，爸爸就开始教她背诵《新三字经》。没想到，爸爸只教了她几个月，思佳竟然能够背诵出大部分的内容，这让爸爸妈妈很高兴。

可是到思佳在2岁多的时候，就有些不定性了，今天对这个感兴趣，明天对那个感兴趣，背诵的热情也不如当初，也不能天天坚持了。因为孩子小，爸爸妈妈也不强迫她，一切顺其自然，条件成熟时，看她能够有兴趣了，爸爸妈妈就引导她学习一会儿。比如，思佳好几天没有朗诵诗歌了，爸爸妈妈就会说："我们有好几天没有听到思佳读诗了，一起听听好吗？"思佳这时要感兴趣就很快找到唐诗的录音带，聚精会神地听起来，边听边跟着录音机读。

思佳的记忆力不错，爸爸妈妈给她念的儿歌、讲的故事、电视里的广告词，主持人说的话，很久以后她还能复述出来。爸爸根据她的这个特点，给她买回了幼儿英语、儿歌、唐诗、宋词、三字经等磁带，没事时就用录音机放给她听。重复的次数多了，思佳慢慢地就记住了。

　　一个偶然的机会，爸爸看到了一个台湾著名学者首倡的"读经教育"。了解了台湾学者的"跟我读古文"的学习方法后，爸爸就想既然万事万物都有"累积效应"，思佳记忆力又比较好，何不让她的记忆也由量变达到质变。于是爸爸就给思佳制定一套方便实施的教育计划：即每天让思佳学习10分钟，一段内容连续学习一周，学习内容在400字左右。爸爸也不给思佳压力，只是每天陪思佳一起学习，学完了也不检查，也不要求背诵，也不要求去写。这个办法使得思佳学习起来没有任何负担，就像做游戏一样，所以思佳学习起来比较轻松，也愿意学。爸爸把这套方法取名为"累积教育法"。

　　爸爸开始实施累积教育法时，思佳还不满6周岁，前两天并没有什么效果，第三天奇迹就发生了，思佳在爸爸的提示下基本能读完学习的内容。六天后，思佳就可以流利背诵出全部所学内容。经过一个多月的训练后，思佳不但一口气背出了爸爸要求的《论语》的前四章，还一字不漏地背完爸爸没有让她背的《大学》的全文。爸爸惊呆了，想不到日复一日的诵读，竟然能有这样的积累。此时，爸爸很激动，为思佳的成绩而高兴。

　　实施了三个月的"累积教育法"后，思佳各方面都有了明显的进步。比如，参加幼儿园的活动变得积极主动了，性格变得更开朗了，特别是自信心有了明显的增强。上小学半年后，思佳因为学习积极主动，为人热情大方，充满自信，认识的汉字特别多被选为班长，并担任英语课代表，英语和语文早读领读员，等等。这些进步，证明了爸爸妈妈的教育方法是非常有效的。

　　就这样，爸爸带领思佳坚持学习，在不知不觉中，思佳把《论语》、《老子》、《大学》、《三字经》、《千字文》、《弟子规》等一批古代经典名著背得滚瓜烂熟。看着女儿取得了如此好的成绩，爸爸觉得自己的辛苦没有白费。当别人问他思佳是否智力超常时，爸爸非常坦然地说："任何孩子经过良好的教育，都可以达到这样的效果，思佳并没有什么特别之处。"

【草根智慧】

　　生活中，大部分父母最关注的是孩子的学习结果，孩子的成绩怎样？是进步了还是退步了，排多少名？能否考上一所重点的中学或大学？然而这些家长常常忽略了一个对结果起到决定作用的问题——孩子的学习过程，因为只有通过"过程"才能丰富孩子的知识、提高孩子的本领，也只有良好的学习过程，才能够培养孩子的学习兴趣，成为孩子热爱学习的源泉和动力，所以我们在注重结果时更应注重孩子的学习过程。

　　"累积式教育法"这种轻松的学习方式是其他任何教育法不能相比的，一天十分钟，对大人和小孩的要求都非常低，却有非比寻常的学习效果，有效地克服了普遍存在于许多教育法中的半途而废的问题。"累积式教育法"没有时间、地点的限制，是人人都可以应用、家家都可以实施的科学教育法，具有广泛的适应性和普遍性。

　　"累积式教育法"体现的是"无为而为"的哲学思想，是指我们在进行教育时不要刻意去追求什么，我们对孩子的要求也不要太高，只要不停地按这种方法做下去。表面看不追求什么效果，是"无为"，但一旦时间到了，教学效果就出来了，这就是我们所追求的"有为"。"累积式教育法"强调只管耕耘，不问收获；只重过程，不计结果；强调的是功到自然成。这对我们指导孩子学习实践，特别是对非常注重孩子学习结果的家长来说是一个很好的启示。

　　这种"无为而为"做法可以使家长和孩子都没有负担和压力，许多急功近利的教育方法坚持不下去就是因为其对实施双方的要求过高，双方的负担和压力太大。所以，我们需要的是一种轻松的教育方法，"累积式教育法"是主张轻松愉快的学习过程，它唯一的要求就是坚持，坚持下去就能有意想不到的收获。

　　我们许多家长的做法和"累积式教育法"正好相反，只看重结果而忽视过程，只看到孩子的不足而很少发现他们的优势。孩子一进入学校，家长最关心的是孩子的学习成绩，成绩好，一切都好；成绩不好，一切都不好。从"累积式教育法"的实践结果来看，家长对孩子学习的关心，不能只是关心"结果"，更要关心孩子学习的"过程"，这样才能帮助孩子顺利、高效地完成学习任务。

44. 弱势教育法
——培养强孩子

中国有句古话叫"巧娘拙闺女"。细想起来非常有道理，母亲能干，什么事都做得很好，对女儿那三脚猫的工夫自是看不上，干脆就自己动手，于是女儿就被撂荒了。教育孩子就是如此，许多时候，父母太强了，就没有孩子自主的空间使孩子弱下来了。"弱势教育法"提倡在适当的时候，父母要弱一点，让孩子强起来。孩子，就像一棵小树，如果长在大树下，受到大树的庇护，是不可能长得茁壮的。只有离开树荫，在风雨的洗礼之下，才会茁壮成长。

【草根实践】

儿子东东7岁了，就像个小大人，许多时候知道照顾妈妈了，这让妈妈很感欣慰。回想起来，妈妈觉得自己的"弱势教育法"起了很好的作用。

东东五六岁时，妈妈经常带着他去爬山。有一次爬山时，碰到一个比较陡的坡，东东停了下来，不敢走。妈妈看了以后，觉得这个地方没有什么危险，凭儿子的能力可以走上去。于是对东东说："妈妈有点不敢走，你可以扶着我吗？"东东看看妈妈，马上表现出很坚强的样子说："妈妈，我可以。"于是紧紧地牵着妈妈的手，小心翼翼地走了上去。终于走过去了，妈妈长叹一口气说："儿子，你真厉害，今天要不是你，妈妈真不敢上去了。"东东听了后，很自豪地说："没有我在你就不敢吧。"而且隔几分钟说一次，可见多么得意。妈妈这样对冬冬实际上是一种很好的锻炼，让他意识到自己是大人了，妈妈反倒需要他的帮助。

妈妈有一次加班到8点才回家，一直没吃饭，肚子很饿，放下手中的包，故意不洗手，就来到餐桌前准备用手拿馒头吃，5岁的东东一把拉住了妈妈："妈妈，吃饭前要洗手，要不会坏肚子。"妈妈很高兴地说："今天要不是儿子，妈妈差点就把细菌也一块吃到肚子里了。"妈妈觉得，自己越这样，东东充当老师的欲望就越强，有些东西不是硬教给孩子的，只要让孩子自己真正记住，反过来孩子知道应用，把这些知识告诉家长，这样教育孩子的效果就达到了。

妈妈一直很害怕电闪雷鸣，有一次打雷时，妈妈对6岁的东东说："儿子，你来帮妈妈捂一下耳朵，这雷声也太响了。"有一天，东东突然就跟妈妈说："妈妈，我告诉你一个办法，你一见到闪电时就捂耳朵，光比声快，这样你就听不到雷声了。"原来，东东知道妈妈害怕打雷，就在爸爸的帮助下去网上查了资料，妈妈害怕的事情就勾起了他研究的欲望，他会告诉妈妈应该怎样，不应该怎样。妈妈就假装不知道，很惊讶地对东东说："儿子，你真棒，妈妈以前怎么不知道呢。今天说的妈妈必须记下来。"后来有一天下雨时，妈妈回来就对东东说："今天下雨妈妈按你教的方法一看到闪电就捂耳朵，果然就没听到雷声。"东东得意地说："听我的没错吧。"妈妈就这样示弱一步成全了孩子的强大。

【草根智慧】

有时候，我们适度地表现自己弱的一面，孩子反而能更快成长，因为我们给了孩子成长的动力。要知道，动力是孩子成长之源。有时我们不妨做伞下的一株小草，而让孩子为我们遮风挡雨，这样的孩子长大后才会更坚强、更大气。

"知心姐姐"卢勤总结自己的教子经验时说:"弱"妈妈教出"强"孩子。妈妈"弱"一点,孩子就会强;妈妈太能干,儿女往往变得无能。

儿子上二年级时,一天,卢勤下班回到家,儿子兴冲冲地端上一杯茶:"妈妈您喝茶。"茶已经凉了,卢勤的胃不好,但她还是一饮而尽说:"太好了,我正渴呢。有儿子就是不一样!如果茶再热一点儿就更好了。"第二天下班,她享受到儿子沏的一杯热茶。

没有压力无法产生动力,父母弱一点孩子才会更强。有一个小男孩,7岁就撑起了一个家。他不仅要解决父子俩人的温饱问题,还要照顾生病的父亲,一切成年人过日子需要做的事,他都要去做。不仅如此,他还要从精神上安慰因病痛折磨而不愿意面对生病的父亲。这虽然说是个例,但却从另一个角度反映出"穷人的孩子早当家"这个道理,如果他的家庭也像别的家庭一样健全幸福,他很可能还是个在父母亲怀抱中备受宠爱的孩子。

但在现实生活中,有许多父母教育自己的孩子可谓是用心良苦,无论是孩子的衣食住行还是学习教育,都为孩子创造了足够好的条件。孩子认为父母完全能够为他们的未来创造不错的条件,因而没有一个积极的理想信念,很容易养成一种惰性,不用功学习,生活不愿意自理,追求更高的物质享受,自私、狭隘,没有健康的心态。所以,那些望子成龙、望女成凤的父母应该理智地爱孩子,为了孩子的健康成长,不妨在家庭教育的方方面面都"弱一点",从而为孩子们"更强"创造必要的条件,给他们机会,充分展示自己,在自己的天空中自由地飞翔,茁壮成长。

当然,运用"弱势教育法"家长也要掌握一个度,不能真正"弱"到叫孩子也瞧不起,什么时候该"弱",什么时候该"强"是需要家长的智慧的。

45. 粗心教育法
——让孩子细心起来

我们所说的粗心并不是真的对孩子粗心大意，父母需要细心地关注、关心、教育孩子，但有些时候父母还需要粗心一些，不能什么事都和孩子计较，不要过多地干扰孩子，让孩子按照自己的意愿学习和生活。

【草根实践】

暑假的时候，小区里面几个孩子的妈妈在一起聊天。由于萌萌学得比较轻松，而且学习成绩等各方面都比较优秀，所以大家一致让萌萌的妈妈讲讲教育孩子的法宝。面对大家的提问，萌萌的妈妈真不知道从什么地方说好。对待萌萌的教育，应该说许多时候妈妈是粗心的。比如，暑假都将近放了一周了，还不知道萌萌具体的考试成绩。只是孩子放假回来后，问了她考得怎么样，孩子说不知道，分数没出来，妈妈也就没再多问。但妈妈知道女儿的成绩不会不好，因为她有自己的学习方式和计划安排。妈妈的"粗心教育法"，使得萌萌学习很轻松，学习劲头也挺足。

对孩子的分数，妈妈看得不是很重，但对孩子的身心成长，妈妈却非常关心。妈妈喜欢和孩子交流，给她讲自己的感受，生活的方式，让她和妈妈一起读书，让她每周玩一次小游戏，鼓励她多交朋友，适当的时候将同学邀到家里来玩，无形之中悄悄地观察孩子的变化。妈妈和孩子更多的时候是朋友，并且无话不谈。萌萌相信妈妈，妈妈更相信她。闲暇的时候，妈妈和萌萌一起玩游戏，一起打羽毛球，一起讲故事，在这种氛围中，萌萌成为妈妈的死党。所以，妈妈的话也就成了圣旨，她几乎样样执行。妈妈也不是只会让萌萌傻读书，她会用自己的行动告诉孩子什么是坚韧，什么是毅力，什么是快乐，什么是感恩，什么是宽容，什么是成功。从这些方面来看，萌萌妈妈是一个细心的妈妈。

在学习上，妈妈从来不给萌萌制定过高的目标，总是让她按照自己的计划来安排学习。尽管老师常跟萌萌妈妈说，你女儿很聪明，要是学习再刻苦一点，成绩就更好了。妈妈也没有因此而去延长萌萌的学习时间，也不让她过早地为了分数而背上沉重的思想负担。只想让萌萌尽自己最大的努力，把该做的事情做好，然后快乐地去学习。

回到家里，妈妈看到萌萌正在看语文阅读方面的书，就问她考试成绩，萌萌说，其他科都比以前考得好，就是语文考得不是太理想，所以决定利用暑假攻克阅读难关。再问其他，一句"不知道"就把妈妈打发了。学习一会儿，萌萌就开始看电视了。看着萌萌看电视的专注眼神，萌萌妈妈欣慰地笑了。因为妈妈知道：难得孩子有如此好心态。但愿孩子在学习上，能一直保持这样的好心态：不和别人攀比，一步一个脚印地走好自己的路，尽自己最大的努力去做自己想做的事情。

【草根智慧】

管教孩子，该粗心时粗心，该细心时细心，掌握好这个度，这是管教孩子的艺术。粗心是指对孩子的管教是粗放式的，该孩子做的事情就放心让孩子去做，不该管的事情就别管；细心，更多的是指细心地发现孩子的兴趣和长处，细心地了解孩子的内心世界，使得我们对孩子的教育有的放矢，发现和发掘孩子的长处和潜能，让孩子获得最大程度的成功。另一方面，细心察觉孩子的思想动态和所作所为，掌握孩子的心理。因为现实生活中发生在孩子身上的很多悲剧就是在不知不觉中造成的，做家长的发现时已经是悔之晚矣了。

一个被选入英国剑桥大学学习的孩子，6岁上小学时，妈妈只在报名当天，带着他去了趟学校。临出家门，妈妈告诉他："好好记着路,以后上学、放学就要自己走了。"儿子很惊讶地看着妈妈:"啊?全靠我自己呀!"妈妈说:"对,学校离咱家不到两站地,你出门就沿着人行道走,放学时跟着同学一起过马路。这点小事情,妈妈相信,你一定行!"就这样,儿子小学六年,妈妈只接送过这么一次。

做一个既细心又粗心的家长,孩子的内心世界,需要家长细心的了解。粗心的家长不是什么事都和孩子计较,不过多地干扰孩子,粗心的家长在掌握孩子大方向的同时,让孩子按着自己的意愿学习和生活。

在对待孩子的学习和交往上做一个"粗心"的家长,对于孩子的学习成绩,对于孩子的学习安排,对于孩子交往的朋友,等等,不妨粗心些,不要盯得那么紧,孩子能做主的事情让他自己做主,不要事无巨细地什么都管。在对待孩子的健康成长上,做一个细心的家长,放开自己的眼界,细心一点观察和了解孩子,真正地认识和熟悉孩子,知道孩子如何能够更好地成长,知道孩子在哪一方面能够有所作为,细心地发现孩子的潜在能力,发现孩子的长处和优点,别埋没孩子的天性,这样,才能为孩子掌握方向,帮助和指导孩子前进。

46.巧用唠叨教育法
——唠叨也自有它的妙处

家长的"唠叨",因为总是那几句翻来覆去的车轱辘话,缺乏教育的实用价值,对孩子是一种"精神噪声",也会造成对孩子的身心伤害,所以,唠叨的实质,是对孩子的心理虐待和精神污染。过度的唠叨极易引起孩子的逆反情绪,使父母与孩子的关系更加疏远,有损家长在孩子心目中的形象。但事物都有正反两个方面,有的时候用好了唠叨，也能解决孩子的一些问题。

【草根实践】

斌斌是一个电视迷，上六年级了，一天除了上学似乎就是看电视，最过分的是，做作业时，还必须把电视打开，一边做着作业，一边不时地瞅几眼电视，有时看到精彩处，干脆停下笔，聚精会神地看着，还美其名曰看电视做作业两不误。由于长期这样做家庭作业，学习成绩越来越不好了，爸爸妈妈觉得再这样下去，孩子的学习就完了。真是什么办法都想了，好说不行，歹说也不行，打也不行，骂也不行。爸爸气得把电视都砸了。斌斌更是和爸爸较上了劲，不把电视买回来，不让我看电视我就不上学了，爸爸没办法，只好又去买了一台电视，让孩子接着看。

后来妈妈想了一个办法：让斌斌看电视。每天早上这边儿子一起床，那边妈妈就把电视打开，并大声对斌斌说："儿子快来看电视了。"吃饭时，妈妈叫道："儿子快来看电视了。"中午斌斌回家吃饭，妈妈见他进屋就打开电视："儿子快来看电视了。"晚上放学回来，妈妈见到斌斌的第一句话就是："儿子快来看电视了。"只要有时间，只要斌斌没在看电视，妈妈就叫斌斌："儿子看电视了。"一天和斌斌说上几十遍。开始两天斌斌还挺开心，终于让自己随便看电视了，后来就越来越烦妈妈的"儿子看电视了"这没完没了的唠叨。过了十几天，斌斌烦得受不了，只要妈妈一提到"儿子看电视了"，他就烦：你让我看电视我偏不看，并且将妈妈打开的电视"啪"的一声关掉了，以此来反抗妈妈。他不看，正好中了妈妈的下怀，目的达到了。

妈妈巧用唠叨教育法，解决了孩子没完没了看电视的问题，孩子反感的事情，妈妈巧妙地正着用，产生了意想不到的结果。

【草根智慧】

著名作家马克·吐温有一次去教堂听牧师关于捐款的演讲。最初，牧师精彩的演说确实让他感动，因此他准备捐一笔钱。十分钟后，他开始对演讲不耐烦了，决定少捐一些零钱。又过了十分钟，牧师仍未讲完，他决定一文不捐了。等牧师终于结束了冗长的演讲，开始募捐时，马克·吐温愤怒地转身走了。

家长也好，孩子也好，都不喜欢听别人唠叨。唠叨对孩子产生的不利影响会更多一些。比如：唠叨易引起孩子的逆反心理，对孩子的缺点、错误或学习问题，若只正面地讲一遍，孩子会产生内疚感，而多次指责、批评则会使孩子不耐烦，最后是反感、讨厌、逆反，从而影响学业。

唠叨是不了解或不理解孩子造成的，唠叨也影响家长在孩子心目中的形象。当孩子反复出现错误或忘记做某件事情时，家长没完没了地唠叨甚至发火，孩子便产生了不良情绪，原本想改，现在不仅不想改，反而感觉父母很讨厌甚至很让自己感到憎恨。由于不良的亲子关系导致父母与孩子间无法沟通，孩子不愿意回家、厌学、逃学甚至离家出走，最终结果是亲子关系疏远或破裂甚至发生悲剧。

但从另一方面说，父母的唠叨在本质上、目的上都是好的，很多时候只能说是方式不对。孩子厌烦父母的唠叨，那么，怎么让我们的唠叨起到正面的作用呢？这里是有一定的学问的。运用"巧用唠叨教育法"时，要注意下面的几个问题。

首先，应该唠叨到点子上。和孩子说事情时，突出重点，话挑有分量的讲，挑最主要的说。许多父母在孩子已经知道应该怎样做的时候还是没完没了地说，引起孩子的反感，这样的唠叨就起不到好的效果。

其次，家长在唠叨之前先做一个"聆听者"，理解并体谅孩子。耳朵比嘴巴更重要，让耳朵教会嘴巴怎么说。家长一定要多多倾听孩子说话，给孩子说话的机会，自己就会减少反复唠叨的欲望。要设身处地为孩子着想，将孩子的言行举止合理化，学会称赞和鼓励孩子，让孩子的生活充满快乐。

再次，尽可能让"唠叨"的话语简洁幽默，这样的话语孩子听起来不烦，有时孩子还感觉很有趣。孩子的问题在幽默风趣中就解决了。

还有就是家长要改变唠叨的方式。借用现代的沟通工具去"唠叨"比口头上的唠叨可能孩子更愿意接受，比如，发短信、写E-mail、写家庭日记、写博客、网上聊天，等等，用这样的办法去"唠叨"，和孩子沟通起来可能更加顺畅。

47. 拜孩子为师教育法
——激发孩子的学习兴趣

"人人都说小孩小，谁知人小心不小，你若小看小孩子，便比小孩还要小"。这是陶行知先生创作的打油诗。我们天天和孩子们打交道，在培养和教育孩子的同时，我们是否意识到，现代的孩子都很聪明，信息时代，孩子获取知识的渠道很多，他们在许多方面比父母知道的都多。许多父母弄不明白的新鲜事物，到孩子手里一会儿就明白了。可这么聪明的孩子，对学习却怎么也提不起兴趣。父母比较迷茫，为什么自家的孩子这么不爱学习？其实主要是学习没有吸引孩子的地方，也就是没有学习的动力。这时候，父母何不姿态放低一点，拜孩子为师，向孩子学习，以调动孩子学习的兴趣和求知的欲望。

【草根实践】

夏妈妈的女儿小樱从小就聪明灵巧，还非常懂礼貌，街坊邻居都很喜欢她。可是小樱有一个令妈妈很头痛的问题，就是不爱读书，现在都读三年级了，夏妈妈也没想出什么好办法能让小樱养成爱读书的好习惯。

夏妈妈总在琢磨如何让孩子喜欢读书的问题,她看到有资料上介绍说,父母多向孩子学习可以调动孩子学习的积极性。夏妈妈就想自己何不试试这个办法。

一天,吃完晚饭,小樱守在电视机旁看动画片,夏妈妈就督促小樱去做作业,小樱很不情愿地去了。可是二十分钟不到,就从书房出来,告诉妈妈作业写完了。夏妈妈检查小樱的语文作业时,发现有不少错误。于是就对小樱说:"妈妈的拼音小时候没学好,很想从头学一学,不然妈妈工作时在电脑上用拼音打字老出错,领导批评妈妈好几次了。你就当小老师教教妈妈吧。"小樱一听觉得自己的拼音比妈妈厉害,妈妈还想和自己学,心里很高兴,就一遍一遍地教妈妈读起拼音来。要是以前,只要是让小樱读拼音,小樱就说头晕要睡觉,没想到这天晚上,小樱却不厌其烦地教了妈妈40分钟。

这样持续了一个星期,夏妈妈感觉效果不错,为了继续扩大战果,培养小樱学英语的兴趣,夏妈妈决定让小樱当自己的英语老师。

一天,小樱做完作业后,夏妈妈就对小樱说,"小樱,妈妈工作时总会遇到英语资料,但妈妈不懂英语,只能向别人求助,妈妈也想好好学学英语,你来教教妈妈,当妈妈的老师,行不行?"

小樱开始觉得自己英语懂得也不多,不好意思当妈妈的老师,就说:"不行吧,我才学了一年英语。"

夏妈妈鼓励小樱说:"你一定行的,妈妈还一天没学过呢。在学校,老师教你什么,你回家就教妈妈什么,妈妈保证认真配合你。"

"那我就教你学单词好了",小樱说。

"你也得教妈妈日常用语啊,我还想在同事面前秀一下口语呢,你总不能让我一个单词一个单词地拼凑吧!让同事笑话女儿教的英语这么没水平。"

"行,我学啥就教你啥,每天教你一点点。"

"真是好孩子,妈妈也会做个好学生,不会让你失望的。"

就这样,每天夏妈妈都跟女儿读半个小时的英语,虽然她学得有点吃力。但看到女儿教得那么认真，而且对每篇课文都能熟读成诵，成功的喜悦在她的心头融化开来！

半年下来，孩子的语文和英语成绩大有进步，还当上了英语课代表，不仅如此，还促进了别的科目的学习，夏妈妈的"拜孩子为师教育法"获得了初步的成功。

【草根智慧】

父母向孩子学习，这在好多人看来不可思议，甚至有人会想，这样，做父母的威信会不会受到影响。其实这样的担心是没有必要的。

每个人都有表现的欲望，孩子更是如此。拜孩子为师，首先满足了孩子的表现欲望。其次能够让孩子获得自信。孩子觉得能够做父母的老师，让父母听自己的，这是多么神气的事情！孩子自然会从心里发出"我能行"的正面信息。同时，亲子在教与学的过程中，能增进相互间的情感。父母拜孩子为师，就自然会放下架子，与孩子平等相处，这样做不仅威信没有降低，反而更受到孩子的喜爱。孩子受到父母的尊重，反过来会更尊重父母。这样，家庭气氛会变得更加和谐。

父母能向孩子学习，让孩子很感动，这本身就会激起孩子内心的责任感，他们觉得唯有努力学好才不辜负父母的期望，只有自己学透弄懂了，才能对得起父母的信任。因此，孩子就会克服贪玩的惰性，全力以赴，全身心地投入学习。另一方面，孩子在教父母的同时不仅巩固了自己的知识，教学相长，而且从教父母知识中得到了成功的体验，长此以往又会极大地调动起孩子学习的兴趣和自信心。

父母拜孩子为师，营造了家庭的学习氛围。向孩子学习，参与到孩子的学习中去，自然地、不留痕迹地营造了一个学习的家庭氛围。现实生活中，的确有很多家长积极热心地陪着孩子学习，但效果并不理想，很容易让孩子感到家长像警察一样看着自己，疏远了孩子和家长的关系。因此，当孩子的学习伙伴远比当孩子的督导更有效。

家长只有弯下腰来向孩子学习，才能跨越亲子之间的"代沟"，才能走进孩子的内心世界，这是我们应该注意的细节问题也是关键性问题。孩子来到我们身边，给了家长一个学习、成长、丰富人生的机会。我们用一言一行影响着孩子，孩子的一言一行也影响着我们，这是一个互动的过程。在向孩子学习的过程中，我们可以更多地了解孩子，找到教育孩子的关键点，使我们在对孩子进行教育时有的放矢。

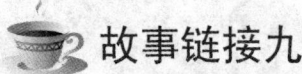 故事链接九

被母亲咒骂的将军
——英国名将蒙哥马利将军的故事

第二次世界大战时著名的将军蒙哥马利以其卓越的军事领导才能被称为"真正的军事天才"，在世界军事领域，也享有崇高的威望。然而，这样优秀的将军，小时候却被母亲诅咒，说他将来只能当炮灰，什么也做不成。

蒙哥马利出生在英国伦敦的一个牧师家庭，父亲34岁时，娶了年仅16岁的母亲，在这个典型的"老夫少妻"型的家庭中，丈夫对妻子宠爱有加，年轻的妻子因此养成了任性娇纵的性格，经常为一点小事发脾气。

年纪尚轻的母亲已经有四个孩子了，繁杂的家务使她对孩子们失去了足够的耐心，年幼的蒙哥马利顽劣淘气，整天把自己弄得很脏很脏，母亲对他十分头疼。她根本无法忍受蒙哥马利一次次地把自己整理好的家弄得一塌糊涂。因此，母亲越来越不喜欢他。父亲送给母亲一个漂亮鱼缸，母亲非常喜欢这个鱼缸，将其视为珍宝，不让孩子们靠近。可好奇心极强的蒙哥马利趁着母亲不注意偷偷地接近了鱼缸，结果，不小心将鱼缸打破了。母亲实在气极了，口不择言地将他大声叱责一番，并说蒙哥马利除了当炮灰，将来什么也做不成，做不来。

母亲的话说得太重了，她并没有想到这句话会给蒙哥马利带来

多大的伤害，蒙哥马利没想到这种诅咒的话竟出自于自己的生身母亲之口，他被惊呆了。从此他性情大变，开朗顽劣的他开始变得小心翼翼，每天都要看母亲的脸色行事。这竟出人意料地培养出了他的观察力。更值得庆幸的是母亲的诅咒没有让他就此沉沦，还培养了他的意志力。因为一个整日生活在母亲的责骂中的小孩子，他已没有了对母亲及其他人的依赖感，凡事都要自己独立去面对、观察与思考，他早已对困难或逆境习以为常了，习惯了在他人的非议中做自己要做的事情，坚定而无悔。

蒙哥马利从桑赫斯特军事学院毕业后，以一个普通士兵的身份参加了第一次世界大战，之后凭借自己的力量由士兵一步步地成长起来，最后成为一名伟大的将军。

蒙哥马利在自己的回忆录中写道："我可以说我的童年是不幸的，这种不幸完全来自于我的母亲，在她眼里，我不过就是一个炮灰。可是，我的母亲说对了一半，我的确开了炮，而且不只一门，但是我没有成灰，我童年吝啬的母爱，形成了我坚韧不拔的意志，没有这种品质，我不会成为后来的蒙哥马利。"

智慧启迪

不论谁漠视我们，说我们不行，我们自己都要挺直腰杆，别说自己不行，努力做好，让别人说我们行。

第10章　榜样教育，要正人先正己

  著名的英国哲学家约翰·洛克主张，在教育孩子的时候，与其让孩子记住规则，还不如给孩子树立榜样。罗·阿谢姆说："一个榜样胜过书上二十条教诲。"对于孩子来说，家长的一个榜样要胜过几百句的说教。因为榜样总是具体的、形象的，更适合于孩子的认知特点，因而对他们来说也更容易被理解和接受。

48. 亲子同学教育法
——做家长更要做"同学"

"每个孩子生下来不一定是天才，但父母应尽可能使他们成为天才。"良好的家庭教育，是成就好孩子的第一步。那么，良好的家庭教育体现在哪里呢？首先就是父母的榜样作用，父母为孩子树立榜样，为孩子营造一个浓厚的学习氛围，与孩子一起学习，这样才能促使孩子不断进步。

【草根实践】

壮壮的爸爸是一位小学音乐教师。由于壮壮的妈妈工作在外地，所以，爸爸就担负起了教育壮壮的重任。

身为教师，爸爸深知浓郁的家庭学习氛围对孩子会产生很大的影响。壮壮还很小的时候，每天吃完晚饭，看完动画片，爸爸就领着壮壮钻进书房，读报纸，看书。壮壮看着爸爸这样，也拿画册看。为了更好地培养壮壮的阅读兴趣，爸爸为他购买了很多儿童读物，故事书、漫画书、世界名著、童话，等等，摆满了书架。时间长了，不管壮壮看得懂还是看不懂，这些书柜里的书，他都爱翻看，当然看的同时，也少不了爸爸的讲解。

每晚给壮壮讲故事，是爸爸雷打不动的习惯。给壮壮讲故事这个任务还真不简单，故事不能重复，由儿子确定讲什么故事，爸爸自己去编；或者儿子开个头，爸爸口头作文，稍不留神便被让壮壮抓住把柄推倒重来。为了给壮壮讲好故事，爸爸没少和壮壮一起光顾书店的少儿图书专柜，边看边记。爸爸与儿子一起研究"奥特曼"和"宇宙大战"，留意各种新式武器、车辆，晚上看新闻时，父子俩会饶有兴致地评论上一会儿。父子俩讨论"十万个为什么"时，经常一起动手去找资料。在这样一位爱钻研的爸爸的影响下，壮壮也养成了爱钻研的习惯。

爸爸没有把开发智力当做壮壮学习的唯一内容，他还鼓励壮壮参加一些有意义的活动。在市少年宫举办的迎新年幼儿故事比赛中，壮壮作为社区幼儿园的代表参赛，爸爸并没有给儿子要拿好名次的压力，只是希望儿子去锻炼一下，当着众多的评委和很多小观众的面，去大胆地讲述自己创作的《小猫咪环游宇宙》的故事。

爸爸向老师了解壮壮的情况时，听老师反映，壮壮有点傲气，发言动脑筋还行，上绘画课时却漫不经心。于是双休日时爸爸就带领壮壮去乡下看花草、捉蜻蜓，看到刚刚结蒂的小西瓜，爸爸信手画下来，向儿子展示手艺，告诉儿子把大自然中这些奇妙的景象画下来多有意思！让壮壮知道学会观察，就会有东西画，学会把心里的想法画出来，就是一个画家，只要用心画，自然就能画好。从此，儿子不再乱画了，爸爸也将儿子的每一张图画都视如珍宝，及时展示和讲评，让壮壮知道这是爸爸对他付出劳动的尊重，也是对他努力学习的鼓励。

家中添置了一台电脑，爸爸在上面打字、画画。每每外出作客或参观回来，爸爸就让壮壮把感受讲出来，或输入电脑，打印出一篇小文章，配上壮壮自己的插图，这样一张张积累起来就是壮壮的大作了！

爸爸要参加声乐考试了，按键听音还得儿子帮忙，稍有走音壮壮的小耳朵就能听出来。爸爸知道错了就赶紧改过来。"亲子同学教育法"，让壮壮健康快乐地成长。

【草根智慧】

亲子同学，和孩子一起学习，并不是指陪读。并不是孩子学习，家长在一边监督，遇到问题就帮他解决，那样会适得其反。和孩子一起学习，是指父母和孩子都在学习，或者各学各的，或者共同学习、研究、讨论一个问题。有很多家长往往在孩子学习的时间打牌、聊天、看电视，这往往造成孩子的心理不平衡，为什么我在这里学习，你们却玩呀？一些家长跟孩子讲，自己学习的时间已经过去了，现在轮到孩子学了，这样的理由孩子是听不进去的。要营造一个人人都爱学习的气氛，那样孩子从心理上比较容易接受。

从今天的社会发展来说，学习不只是学生时代的事，也不局限于我们工作上的业务知识。家长要学习的东西很多，比如了解国内外大事，跟得上时代步伐；学习一些教育心理学，掌握一些教育孩子的常识；接受新的观点、新的事物，能够和孩子一起进步。家长要树立终生学习的理念，并实践这个理念，这样，才能不落后于时代。

面对充满希望的孩子，我们应该警醒，在浮躁和迷失中静下心来，关上电视，撤掉麻将，在温暖的灯光下，和孩子一起阅读和讨论，一起钻研和进步。我们要做家长更要做同学，做家长，为孩子做好物质和精神上的准备，为孩子做好榜样；做同学，和孩子一起学习，这样孩子才能对学习更感兴趣。

49. 共同成长教育法
——互相学习互相进步

家长和孩子一起成长是一种幸福。我们做家长的，如果不学习怎样做家长这一课，不仅做不好家长，也体会不到和孩子共同成长的快乐。在孩子的眼里，我们只是一个没有价值也没有尊严的"大人"而已，更成不了他的良师益友。许多时候孩子不但不会听家长的话，还会时不时地嘲笑和挖苦家长。要让孩子真正地敬重和信服我们，除了学习和努力提高自己各方面的素质外别无出路。

【草根实践】

一个作家妈妈和她的儿子共同成长的故事告诉我们，亲子共同成长，促进双方共同进步。

有一天，上小学六年级的儿子放学一回到家，就到厨房对正在忙着做饭的妈妈说："今天上课时，老师问我们'做饭前先做什么'，有的说'买菜'，有的说'淘米'，还有的说'先择菜'等等，我的回答是'先刷碗！'"妈妈知道，儿子这样说是在变相地批评自己。因为自己吃完饭后从不及时刷碗，而是收拾一下后都堆到水池子里，用水泡着，等到下次做饭前再刷。妈妈认为这样做能节省时间，但没想到成了儿子看不上的不良习惯。在儿子的提醒下，妈妈决定一定要改掉这个不好的习惯。从那天起，吃过饭后，妈妈总是把锅碗瓢勺洗得干干净净再去干别的，而且，在妈妈忙的时候，儿子还能主动帮妈妈收拾一下桌子。

妈妈是一名作家，很多时候各种参考书和稿子摊了一桌子，妈妈不但不去收拾，反而看着这一桌子的书，内心有些沾沾自喜，觉得自己是在向前人学习。后来，看着儿子中考前夕还那样有条理地收拾好自己的写字台，把书、笔、本子等学习用品放在固定的地方，以备取用方便，妈妈这时也为自己把桌子上摆得乱七八糟的做法感到脸红。在儿子的影响下，妈妈彻底改掉了在桌子上乱放书和稿纸的毛病，而且在做别的事情时也渐渐变得有条理了。

在培养儿子成长的过程中，妈妈也在不断地成长。由过去一遇到困难就害怕，到懂得了怎样去面对、克服困难和在困难中寻找出路；由过去的多愁善感逐步变得坚强、坚定，又能豁达、宽容地对人对事——是儿子让妈妈不敢松懈，并不断地完善自己。

正如妈妈在一篇文章中所写的："几时从浮躁走向成熟？几时由轻浅变得深沉？好像是从身边有你开始的。"是的，妈妈和儿子一起修正、弥补、完善着各自先天不足的个性和修养方面的欠缺，妈妈和儿子一同奋斗，一道开创新生活。他们是母子，也是朋友，还是各自的老师。

妈妈和儿子一同成长，也给了孩子成长的动力，孩子也在不断地改正自己，不断地进步，成为积极向上、乐观通达的男子汉。

【草根智慧】

任何事物的成长都有它的规律，孩子的成长更是一个漫长的过程。在孩子们有了失误或者无心犯错时，他们最需要的是父母爱的话语和温暖的手；在他们遭遇失败和挫折时，最需要的是父母的信任和支持。反过来，父母有了什么问题，也需要孩子的指正和批评。教育孩子的过程，也是家长修正自己的过程，从自身的完美成熟到敦促孩子的健康成长，这是一种责任，更是一种进步。

家庭是孩子成长的摇篮，教育好子女是父母应尽的义务和神圣的职责。教育孩子是一个互动的过程，在父母引导孩子的同时，也会不自觉地受到孩子的影响。因此，无论多忙，家长都不应该放弃与孩子共同成长的机会。为人父母，不能把自己摆在高高在上的位置，总是用俯视的眼光去看待孩子。要用平等的心态和眼光对待孩子，要真正把自己摆在与孩子平等的位置上，要学会与孩子坦诚地交流，听取孩子的意见，要学会不断地改变自己，让孩子看到父母的真诚，感受到父母的爱。

世界上没有十全十美的人，世界又是在不断变化发展的，所以对每个父母来说，都需要不断学习，通过学习达到自我修正，自我完善，与时俱进的目的。每一位父母都望子成龙、望女成凤，然而，真正能够做到与孩子共同成长的父母才是智慧的父母。

50. 以身立教教育法
——榜样的力量是无穷的

有人说：家庭是孩子的一面旗帜，父母是孩子的一面镜子。父母是最先影响孩子的人，也是对孩子影响最深的人，父母是孩子模仿最早、最多的形象。父母的一言一行、一举一动，都对孩子有着潜移默化的影响，父母良好的行为和习惯更能使孩子受益终生，所以家长的"以身立教"绝不能轻易丢掉。

【草根实践】

一对农家姐弟，姐姐高中毕业后考上了吉林农业大学，大学毕业后又被推荐为本校的硕士研究生，弟弟高中毕业后考上了中山大学，更有志一直读到博士。有人问两姐弟的妈妈——一位只有小学文化的农家妇女，是怎样培养出了这样两个好孩子的？妈妈平淡地说回答说："没什么，就是跟孩子们一起学习。"

孩子的爸爸一年四季都在外面打工挣钱，妈妈每天很早就起床，准备姐弟俩的早餐，送孩子上学后，再下地干农活，一天下来，累得腰酸背痛。妈妈觉得，自己就是因为没文化，才会受这样的累。所以，妈妈对孩子们说自己也想学一点知识，种地也需要知识。于是每天晚上妈妈就让孩子们把老师讲的内容跟她讲一遍，然后他们做作业，妈妈也在旁边做作业，妈妈弄不懂的地方就找他们问，他们弄不懂的就找老师问，这样孩子们在学校当学生，在家就当老师。妈妈的勤劳、善良、热爱学习的精神深深地影响着孩子，孩子们不仅在空余时间力所能及地帮助妈妈干家务，减轻妈妈的负担，而且在学校里，学习的劲头也特别大，他们的学习成绩慢慢地都排在全班的前几名。

这位勤劳的农家妈妈渴求知识、热爱学习，深知教育子女不能靠说教，应该以自己的身体力行潜移默化地影响孩子。妈妈的"跟孩子一起学习"，总结起来就是"以身立教教育法"，榜样的力量是无穷的，当孩子们看到辛苦劳作了一天的妈妈，晚上孜孜以求地跟他们一起学习，无须说教，他们心里就会产生巨大的学习动力，并在行动上表现出来，最终结出丰硕的成果。

【草根智慧】

在影响孩子发展的众多因素中，家庭的文化环境显得尤为重要，家长有浓厚的学习兴趣，常常手不释卷，学而不厌，刻苦钻研，家里充满了学习的气氛，孩子在家长的言传身教下，也会由单纯模仿家长学习过渡到自觉学习，并把它同化为自己的学习兴趣与行为模式，由此产生强烈的求知欲和进取心。而现实生活中有些家庭，家长一边打麻将、上网聊天、玩游戏一边吼叫着要孩子好好读书、做作业，试想父母玩得快快活活的，却对孩子说不读书会如何如何，这样的说教孩子们会接受、能心服口服吗？

我们要求孩子爱惜光阴，好好学习，自己却在电视机前、电脑前、麻将桌上消磨时间，任我们说破嘴皮孩子也难以心悦诚服地安坐于书桌前；如果我们在业余时间坚持学习，不断给自己"充电"，孩子不用督促必定会有强烈的学习欲望和学习动力。

有一个孩子在谈到自己的妈妈时说："我的作业本给我妈妈看她也看不懂，骗她很容易。"不知道这是孩子在抱怨妈妈，还是为自己有一个不懂的妈妈而庆幸。"只要求孩子好好学习，不要求自己天天向上"的家长，不用身体力行来触动孩子的内心世界的家长，不仅令孩子瞧不起，而且难以激发起孩子的学习动力和学习兴趣，更容易使孩子缺乏内心的自省与自律。

一个教育工作者总结说：身教无声更育人。家庭虽然没有讲台、黑板，却是一所永不放假的学校；父母虽然没有备课笔记，却是孩子如影随形的老师；有了学习型的家庭，才能为孩子创造相互关心、共同参与、彼此分享、积极对话的学习氛围；有了学习型的父母才能为孩子树立学习自信、生活自立、性格自强、品行自律的榜样。

51. 改造自我教育法
——教育孩子从改造自己做起

有人说：每一个成功的孩子背后，肯定有一位成功的家长。这话不无道理。俗话说："上梁不正下梁歪"，"上梁"是父母，"下梁"就是孩子。要使自己的孩子成功，父母首先要使自己完善起来，努力克服自身的缺点。要想教育孩子做一个善良、正直、无私的人，父母自己先得做一个这样的人。

【草根实践】

陈妈妈有两个可爱的孩子，可是不知道从什么时候开始，孩子们养成了做作业拖拖拉拉的习惯，本来一个小时左右就可以完成的作业，他们要做两三个小时，不是作业难度大，他们不会做，而是写字太慢，而且一边写一边聊天，或者干脆停下来，玩玩笔，翻翻抽屉，东看看西看看，时间就这么一点点地过去，到最后实在是太晚了，他们也累了，才急急忙忙地写完，所以字总是写得很差，作业也常常出现这样那样的错误。妈妈不想让孩子养成这种不好的习惯，所以早早地做好晚饭，吃完饭就催他们去做作业，有时候妈妈看到他们不专心了，就走过去提醒一下，但是妈妈一走开，他们又不认真做了，不管骂也好，处罚也好，他们就是不改，每晚都要到差不多十一点才能睡觉。一个学期过去了，这种情况都没办法改善。

怎么改变孩子们呢？陈妈妈很苦恼，于是去请教有关专家，专家告诉她，你要改变一下你自己。妈妈问怎么改变呢，专家举例说："小孩做作业的时候，你不要走开，就坐在旁边，这样不是坐着监督他，所以不要老提醒他做快一点，你应该拿本书坐在旁边看，或者写一些什么的，不要说话，就用你的认真去影响他，他就不好意思不认真做作业了。"妈妈听了觉得很有道理。第二天，孩子做作业时，妈妈也在旁边看书。做一会儿，他们又开始说话，妈妈当做没看到，继续看她的书。他们悄悄地说了几句，再一起偷偷地看了一下妈妈，然后又开始做作业了。后来他们都不说话了，有时候停一下，习惯性地玩一下笔，但往妈妈这边瞧一瞧，见妈妈还在一动不动地看书，他们又继续去做。结果那天不到一个小时就把作业做完了。后来，妈妈就采取这种方法，他们每天都能很快地完成作业。有时候做完作业看到妈妈还在看书，他们也会拿出自己的书坐到妈妈旁边看！

陈妈妈改变一下自己，就取得这么好的效果，心里真的非常高兴。陈妈妈觉得这种"改变自我教育法"很管用。后来陈妈妈又在其他方面试着改变自己，去影响和教育孩子，结果都令陈妈妈很满意。

【草根智慧】

有人曾对一些各地的高考状元做过调查，结果发现，几乎所有家长首先要求他们做一个正直、无私的人，而且家长们的言传身教和人格力量对他们影响很大，这些状元中许多人坦言，他们的成功来源于父母带来的精神力量。

电视上曾播出过这样一则公益广告：一个贤惠的儿媳，给婆婆张罗着洗脚。这一切被幼小的儿子看在眼里，儿子也效仿妈妈的样子，为妈妈打来了洗脚水。当"妈妈洗脚"的稚嫩之声传入我们的耳膜时，我们无不为这传神的一幕所打动——还有比这更生动的家庭教育吗？因此说，教育孩子，首先是教育自己；改变孩子，首先是改变自己。

有人说"问题孩子"的改变首先是"问题家长"的变化。改变家长是成功教育的关键。如果家长的思想观念能够顺利改变，教育孩子就不是一件困难的事；如果家长自以为是、故步自封，拒绝接受新的教育理念，拒绝改变自己，孩子的教育终究是一个难以解决的问题。所以，家长应该多研究和改变自己不适合今天孩子的教育方法，对孩子的成长是非常有益的。哪怕我们是一个很小的改变，可能会得到很好的效果。

父母是孩子的一面镜子，孩子是父母的影子。孩子在不知不觉中，随时留意着父母做人的态度、行为、品德。他们是看着父母的背影长大的。孩子看到父母日出而作，日落而息，耳濡目染中就学会了勤奋；孩子看到父母日夜操劳，勤劳俭朴，便学会了关心体贴，勤俭节约；孩子看到父母骂人，便学会了说脏话；孩子看到父母花钱大手大脚，就学会了挥霍浪费……父母对孩子的教育就是这样的，如春风化雨、润物无声。

俄国著名作家列夫·托尔斯泰说过这样一句话："全部教育或者说千分之九百九十九的教育都归结到榜样上，归结到父母自己生活的端正和完善上。"榜样的力量是无穷的，改变孩子的最好方法就是先改变自己，树立榜样。

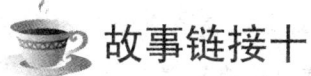 故事链接十

拥抱比耳光更有力量
——巴西球王贝利的故事

巴西球王贝利出生在一个贫困的家庭，他的父亲原来是个足球运动员，因伤退役后生活过得穷困潦倒。也许是受父亲遗传基因的影响，贝利从小就酷爱足球运动，并很早就显现出踢球的天分。可是家里穷，父亲拿不出钱为儿子买足球，为了鼓励儿子的这一爱好，父亲用大号袜子、破布和旧报纸，为儿子自制了一个"足球"。从此，贝利黑瘦的身影经常出现在家门前那条坑坑洼洼的路上，他光着脊梁，

赤着脚，不断地练习着踢球。

贝利10岁时与伙伴们组建了一支街头足球队，他出众的球技，战绩频频，在当地渐渐有了名气。巴西人很喜欢足球，出于对足球小将的敬仰，周围的不少人向崭露头角的贝利打招呼，给他敬烟。这时小贝利感觉很惬意，因为吸烟带给他一种"长大了"的感觉，他迷恋上了这种感觉，渐渐地有了烟瘾。但是他根本买不起烟，每当烟瘾犯了时，就会向别人索要。

一天，父亲撞见贝利在街上正向人要烟。原本对儿子寄予厚望的父亲当时脸上的表情简直无法形容，他既生气又忧伤，贝利见父亲真的发怒了，吓得不由低下了头。

回家后，父亲问贝利抽烟的事，他小声为自己辩解，说自己只吸过几次。听到贝利的辩解，从来没动手打过儿子的父亲猛然抬起了手，因为他看到了问题严重，贝利不仅学上了抽烟，还学会了撒谎。贝利见了立即吓得肌肉紧绷，用手捂住了自己的脸。而接下来让他意外的是他得到的并不是父亲的一记耳光，而是一个紧紧的拥抱。

父亲对被自己搂在怀中的贝利说："孩子，你有踢球的天分，可以成为一个伟大的球员。但如果你抽烟、喝酒、染上各种恶习，那足球生涯可能到此为止了。一个不爱惜身体的球员，怎么能在90分钟内一直保持较高的水平呢？以后的路怎么走，你自己决定吧。"

父亲放开贝利，从他仅有的几张纸币中抽出一张，告诉贝利说："如果你真想抽烟，要自己去买。总向别人要，会让你丧失尊严，人最不能丧失的就是尊严。"

贝利被父亲说得羞愧难当，眼泪不禁流了下来，他擦了一下眼泪，看看父亲，发现父亲的脸上已是热泪纵横了……

贝利从此再没有抽过烟，也没有沾染任何足球圈里的恶习。他不仅球技高超而且有着高尚谦逊的品格，因此被誉为20世纪最伟大的运动员。

尽管时隔多年，球王贝利仍然记着当年父亲的那个拥抱，他说："在几乎要踏上歧路时，父亲那个温暖的拥抱，比给我多少个耳光都更有力量。"

🖋 智慧启迪

要改变孩子,先改变我们自己。父母一次爱的教育足可以改变孩子的一生。

第10章 榜样教育,要正人先正己

科 学 出 版 社
科龙图书读者意见反馈表

书　　名 _____

个人资料

姓　　名：_____　年　　龄：_____　联系电话：_____
专　　业：_____　学　　历：_____　所从事行业：_____
通信地址：_____　邮　编：_____
E-mail：_____

宝贵意见

◆ 您能接受的此类图书的定价
　　20元以内□　30元以内□　50元以内□　100元以内□　均可接受□

◆ 您购本书的主要原因有(可多选)
　　学习参考□　教材□　业务需要□　其他 _____

◆ 您认为本书需要改进的地方(或者您未来的需要)
_____
_____

◆ 您读过的好书(或者对您有帮助的图书)
_____
_____

◆ 您希望看到哪些方面的新图书
_____
_____

◆ 您对我社的其他建议
_____
_____

　　谢谢您关注本书！您的建议和意见将成为我们进一步提高工作的重要参考。我社承诺对读者信息予以保密，仅用于图书质量改进和向读者快递新书信息工作。对于已经购买我社图书并回执本"科龙图书读者意见反馈表"的读者，我们将为您建立服务档案，并定期给您发送我社的出版资讯或目录；同时将定期抽取幸运读者，赠送我社出版的新书。如果您发现本书的内容有个别错误或纰漏，烦请另附勘误表。

回执地址：北京市朝阳区华严北里11号楼3层
　　　　　　科学出版社东方科龙图文有限公司经营管理编辑部(收)
　　　　　　邮编：100029